少年中国地理

星球研究所 著

大地脊梁

湖南科学技术出版社
博集天卷 CS-BOOKY

大地脊梁

穿越 6500 万年看中国

CHINA

特别鸣谢

为本书提供影像作品的
全体机构和摄影师们！

鲜活的中国地理

“到各地去看看”，相信这是所有孩子共同的向往，我小时候也这样想。我中学毕业是在 20 世纪 50 年代初，有的同学考大学报地理专业，就是想到各地去看看，现在管这叫“旅游”。

旅游的讲究可大了，各人旅游的收益可以大不相同。苏东坡写过“庐山烟雨浙江潮”的诗，没有去过的时候难受得“恨不消”，真去了发现也就那么回事。外行看热闹，内行看门道，关键在于有没有看到“门道”。有的人旅游就是拍纪念照、买纪念品，但是也有人一路看一路问，回来有说不完的感想。旅游不仅是休闲，假如出去前做准备，回来后做整理，那旅游就成了一种学习。

这就很像古代的“游学”，读万卷书，行万里路，开阔视野，体验人生。其实世界上最初的教育就是“游学”，课堂教育是后来的事。孔子授课就不用教室，许多大学者也都有游学的经历。司马迁 20 岁左右就开始游各地的名山大川，正因为有了一生三次远游的经历，他的《史记》才会写得如此成功。

古代游学之风相当盛行，“仰观宇宙之大，俯察品类之盛”，属于治学的重要环节。如今随着技术的发展，“游学”的方式早已今非昔比。有了摄影技术、网络技术，已经可以通过图书“居家游学”，或者通过云课堂“在线游学”，效率大为提高。放在你面前的这套《少年中国地理》，就是陪你“居家游学”的图书。

《少年中国地理》是美丽和智慧交织的产物，精美的图片配上启迪性的知识，每一幅美丽山水的背后，都蕴含着一番科学的道理。这种“游学”补充了课堂教育的不足，可以将地质地理、水文气象、动物植物，甚至于历史考古的知识融为一体，渗透在锦绣山河的美景里，让你在听故事、问道理的过程中，不知不觉地增长见识。

从历史视角看地理，是这套书的一大特点。地理现象通常是从三维空间进行描述，然而《少年中国地理》别具慧眼，从地质构造演变、人类社会发展和当前国家建设三个时间尺度入手，探讨地理现象的来源，用动态演变取代静态描述，在四维时空里展现活的中国地理。

而这恰恰发挥了中国地理的长处。因为东亚大陆是拼起来的，两亿多年前华南板块和华北板块碰撞，四五千万年前印度洋板块和亚欧板块的碰撞，逐步演化形成了如今的三级阶梯地形。“一江春水向东流”的局面，是两三千万年前才出现的。因此，中国地貌本身就是一部移山倒海的活教材。

《少年中国地理》对各地人文历史的介绍，有助于孩子们理解中华民族壮大的过程。我们过于强调华夏文明的一元性，往往忽视了其逐步融合成长的历程。我们自称“炎黄子孙”，其实炎帝和黄帝就不见得是一家。应该歌颂的是我们祖先的凝聚力，将中原和边陲的部族逐步融合为一，才形成了世界上最大的民族。

“谁不说咱家乡好”，乡土地理向来是爱国爱家最有效的教育，而国内几十年来的突飞猛进，更是中国地理历史性的亮点。但是这种家国情怀是需要激发的。反差就是一种激发方式，宇航员回到地球时，会为享有地心吸引力而感到幸福；侨居海外的华人，更加能体会到强大祖国的可贵。另一种激发方式就是集中展现，像《少年中国地理》这样，把中华大地几十年巨变的真相，凝聚成图文放在我们面前。

有时候我们过分相信口头语言或者文字的力量，以为课堂上讲过的东西孩子们就该相信。其实依靠“灌输”的杠杆，虽然可以训练学生的适应力，却不见得真能打动他们的心，因为深入内心的教育只有通过启发这一条途径。高质量的图书和视频，是新技术支持下进行新型教育的好形式。学生自己看、自己听，从真人真事里得出结论，比考试压力下的教育有效得多。这也正是我们欢呼《少年中国地理》出版的原因。

教育的最高原则在于一个“真”字，应试教育的负面效应之一，就是容易误导学生去说套话、说假话，其实那是教育事业的“癌症”。近代教育家陶行知先生说过，千教万教教人求真，千学万学学做真人。衷心祝贺《少年中国地理》的出版，希望这套图书有助于推行“真”的教育，教同学们说真话，求真理，做真人。

中国科学院院士

汪品先

汪品先

2022年6月30日

序

以中国山河，致中国少年

地理对青少年的意义，不言而喻！它是青少年探索世界、认知世界的重要途径之一。

星球研究所创立至今已有 6 年。6 年间，我们一直致力于用极致的科普作品，和读者一起探索极致世界，解构世间万物。从 2019 年起，我们陆续出版了典藏级国民地理书“这里是中国”系列，受到了很多读者的喜爱，也获得了非常多的奖项，这让我们倍感荣幸。

在这个过程中，我们收到了许多父母、孩子的留言，他们表达了对地理的热爱，以及期望星球研究所能出版专门针对青少年的科普书籍的愿望。一位家长还分享了他用家庭投影仪给孩子投放星球研究所文章与视频的经历。

这让我们印象十分深刻，也很感动。我们逐渐认识到出版一套专门针对青少年的中国地理科普全书，是必要的。

因为中国地理的丰富，确实值得每一个中国少年去了解！

你知道中国是“万岛之国”吗？

中国不只有海南岛、台湾岛这些知名的大岛，我国总计拥有海岛超过 11000 个 [1]，还有许多有待我们了解。

你知道中国西部有一个“冰冻星球”吗？

那里生长着 5.3 万条冰川 [2]，冰储量可以装满 100 多个三峡水库 [3]。中国是全球中低纬度冰川规模最大的国家。

你知道中国曾发生过超级火山喷发吗？

大约 1000 年前，位于东北的火山——长白山发生了一次超级喷发。火山灰还漂洋过海，如雪花般散落在日本。也正是在这次喷发的基础上，才诞生了如今中国最深的湖泊——长白山天池。

---

1 数据源自自然资源部2018年发布的《2017年海岛统计调查公报》，不含港澳台数据。

2 数据源自冉伟杰等人的《2017—2018年中国西部冰川编目数据集》一文。

3 数据源自刘时银等人的《基于第二次冰川编目的中国冰川现状》一文，中国冰川储量为4300～4700立方千米。而三峡水库的总库容量为39.3立方千米。

你知道中国拥有“地球之巅”吗?

青藏高原平均海拔超过 4000 米，地壳厚度可达 80 千米[1]，是世界上最高、最厚、最年轻的高原。世界上海拔最高的山峰——珠穆朗玛峰，世界上海拔最高的山脉——喜马拉雅山脉，都位于这里。

你知道中国不只有一个“桂林山水”吗?

中国南方无数的石林、峰林、峰丛、溶洞、天坑，构成世界上规模最大、最壮观的喀斯特地貌分布区，涉及湖北、湖南、四川、重庆、贵州、云南、广西、广东等多个省（市、自治区），不仅许多地方有着类似桂林山水的美景，而且还有许多独特的喀斯特景观是桂林山水所没有的。

你知道中国真的是一个“红色国度”吗?

1000 余处以红色陡崖为主要特征的丹霞地貌，遍布中国 28 个省级行政区，江西龙虎山，安徽齐云山，福建大金湖、冠豸（zhài）山，浙江江郎山，湖南崀（làng）山，四川青城山、乐山大佛，甘肃崆峒山、麦积山皆是如此，可谓万山红遍[2]。

你知道中国的黄土高原有多独特吗?

中国黄土高原地区[3]总面积多达 64 万平方千米，是世界上最大、最厚、最连续的黄土覆盖区。这些土质疏松、利于垦殖的黄土，正是孕育华夏文明的摇篮。

你知道中国是个“季风国度”吗?

我们拥有全球典型的季风气候。每年夏天，夏季风裹挟着水汽由南向北推进。由此在中国大地上，雨带随之进退，江河也随之涨落。而每年冬天，冬季风不断南下，往往带来寒潮。

你知道中国是“哺乳动物的王国”吗?

中国是世界上哺乳动物物种最多的国家之一，有 687 种[4]哺乳动物在这片土地和水域生存。

---

1 数据源自侯增谦等人的《青藏高原巨厚地壳：生长、加厚与演化》一文。

2 此处参考黄进等人的《中国丹霞地貌分布（上）》一文。

3 黄土高原的范围存在广义与狭义之分，广义的“黄土高原地区”大致在祁连山、贺兰山以东、阴山以南、秦岭以北，太行山、管岑山以西的广大地区。此处采用广义的概念。

4 数据源自中国科学院生物多样性委员会发布的《中国生物物种名录》2022版一书。

你知道中国自古以来就是“超级工程的国度”吗?

诸多大江大河、人口及资源的分布不均等诸多原因，使得中国大地上，从古至今，一直以大量超级工程著称。古有都江堰、隋唐大运河、京杭大运河，如今则有长江三峡水利枢纽、南水北调工程、西气东输工程，以及全球最大的林业生态工程——三北防护林等。

…………

这真是一片神奇的土地!

中国少年，值得这样的中国山河！中国山河，也值得有更多热爱它、了解它的中国少年！而我们的任务，就是把中国山河用最好的方式呈现给中国少年!

于是，就有了这套《少年中国地理》。我们希望通过这套书，把中国的山河，摆到每一位中国少年的书架上。

但另一方面，中国山河的丰富，远远超出任何一套书的厚度，哪怕这套书有 1300 多页。

所以，我们更希望通过这套书，能激发每一位中国少年，由此亲身走进广阔的中国山河，做一个勇敢的中国地理探索者，这将是全中国最酷的事情之一!

请和我们一起继续那个梦想:

有一天，我们要将中国的雪山看遍。

有一天，我们要将中国的江河看遍。

有一天，我们要将中国的城市看遍。

…………

这里的我们，也包括少年的你。

星球研究所所长

耿华军

2022 年 7 月 18 日

目录

1 喜马拉雅山脉

山界之王

2 昆仑山脉

比神话更伟大

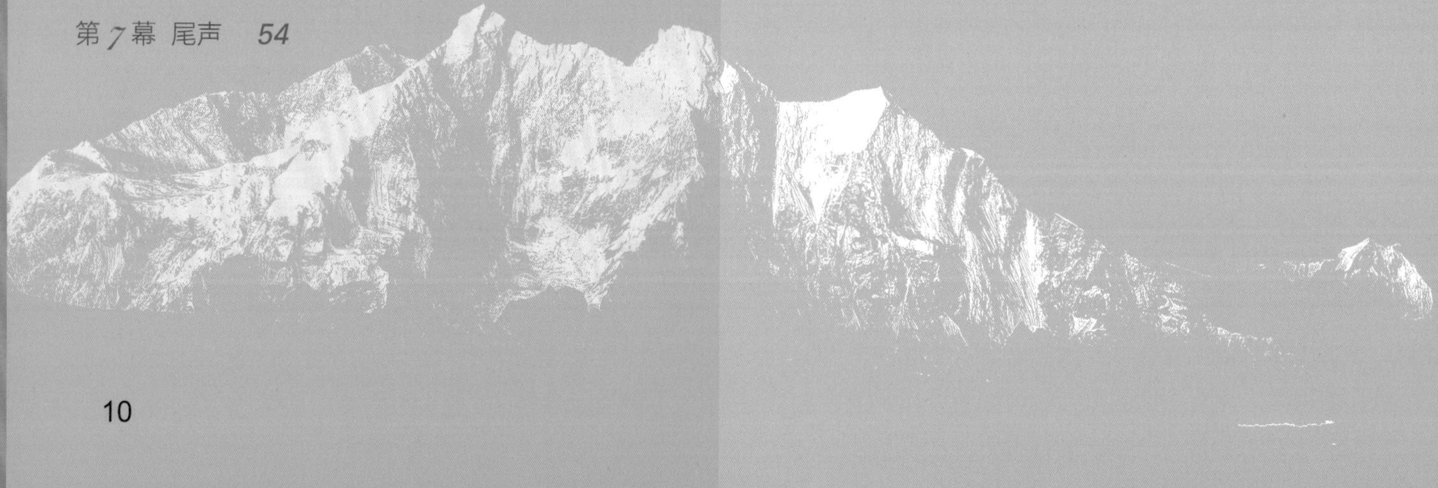

3

横断山脉

七脉六江的传奇

4

秦岭一淮河

山河一道分南北

1 喜马拉雅山脉

山界之王

如果山界也有王者
那“山之王者”的称号只有一个归宿
它诞生于古老的大洋
成长于大地的冲撞

它很长，很长，很长
在中国的西南部
筑起一道“绝境长城”

它很高，很高，很高
凭借一己之力
便可阻挡水汽输送

它也很深，很深，很深
在青藏高原的南缘
创造深沟、峡谷

它以冰雪为王冠
以多样的植被为华服
它就是喜马拉雅山脉
当之无愧的“山之王者”

喜马拉雅山脉南北翼年降水量及季节分配对比

数据源自：张立汉《中国山河全书》

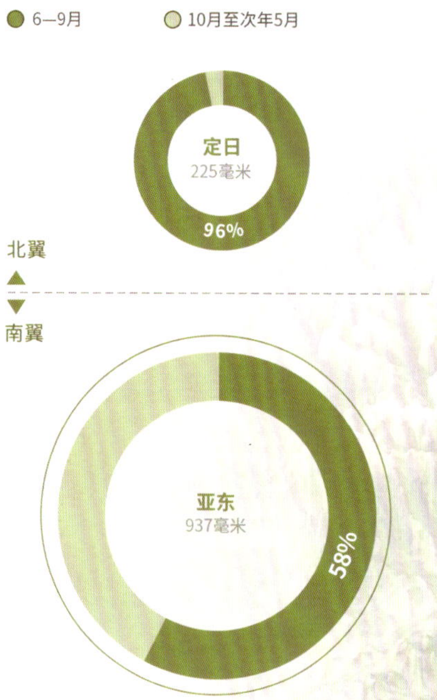

▶ 喜马拉雅山脉地形图

喜马拉雅山脉位于青藏高原的南缘，是由印度洋板块与亚欧板块碰撞而成的极高山脉，也是中国与尼泊尔、印度、不丹等国的天然国界。它西起世界第九高峰南伽峰，东至南迦巴瓦峰，东西延绵 2450 千米，南北宽 200 ～ 350 千米，拥有世界上海拔最高的山峰——珠穆朗玛峰，深度第一的峡谷——雅鲁藏布大峡谷。世界上 14 座海拔超过 8000 米的独立山峰就有 10 座位居于此，同时，还有 83 座海拔 7000 米以上的独立山峰坐落其间。

▼ 从定结湿地方向看洛子峰与珠穆朗玛峰／摄影 陆雨春

西藏定结县内分布有大片湿地，主要集中在喜马拉雅山北麓、雅鲁藏布江以南的狭长地带。

无论是评价一座山峰，还是一条山脉，高度永远是首要的切入点。从地理学的角度来看，高度有两层含义，一是海拔，即某地高出海平面的垂直距离；二是相对高度，即某地高出另一地的垂直距离。

就这两点而言，喜马拉雅山脉都位于世界前列。它拥有世界上最高的山峰和最深的峡谷——海拔第一的珠穆朗玛峰和深度第一的雅鲁藏布大峡谷，并且以 2450 千米的长度、200 ~ 350 千米的宽度，守卫在青藏高原南缘，横亘在中国与印度、巴基斯坦、尼泊尔和不丹之间，堪称“山之王者”。

无数具有探索精神的人慕名而来，他们或为了挑战这“山之王者”的高度，或为了探索深藏其间的科学奥秘。每一个造访者心中都带着同一个疑问：“喜马拉雅凭什么成为‘山之王者’？”

▲ 喜马拉雅山脉／摄影 曾科

碰出来的极高山

第1幕

数十亿年来，岩石圈板块分分合合、聚散不断，而它们每一次汇聚，在陆地上都伴随着山脉的相对隆升。于是，一代又一代的山脉拔地而起，各领风骚数千万年。

在几亿年前，如今的亚欧大陆还没有完全成形，喜马拉雅山脉所在地区还是一片海洋。科考人员曾在珠穆朗玛峰的峰顶发现了生活在约 5 亿年前的三叶虫化石，而三叶虫通常生活在温暖的浅海，可见现今喜马拉雅山脉一带在数亿年前并非冰雪高山，而是充满阳光、沙滩，以及温暖清澈的海水。

然而，6500 万年以来[1]，印度洋板块持续向北推移，印度洋板块与亚欧板块之间宽广的海洋一步步萎缩直至消失，最终，印度洋板块与亚欧板块发生碰撞。由于板块碰撞的能量巨大，两大板块相邻之处在巨大的压力下，或挤压变形，或断裂错动。岩层堆叠增厚，高原、山脉崛起，造就了世界上最高、最年轻的高原——青藏高原。而在碰撞的前线，喜马拉雅山脉便应运而生。

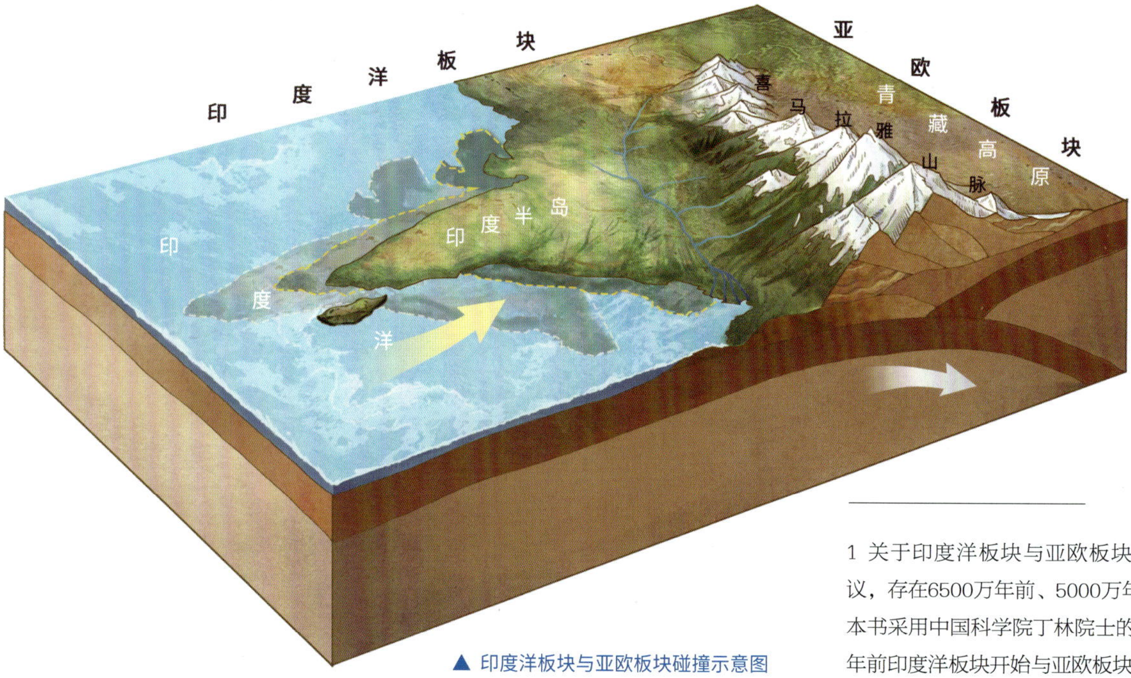

▲ 印度洋板块与亚欧板块碰撞示意图

1 关于印度洋板块与亚欧板块的碰撞时间有争议，存在6500万年前、5000万年前等多种观点。本书采用中国科学院丁林院士的观点，即6500万年前印度洋板块开始与亚欧板块发生碰撞。

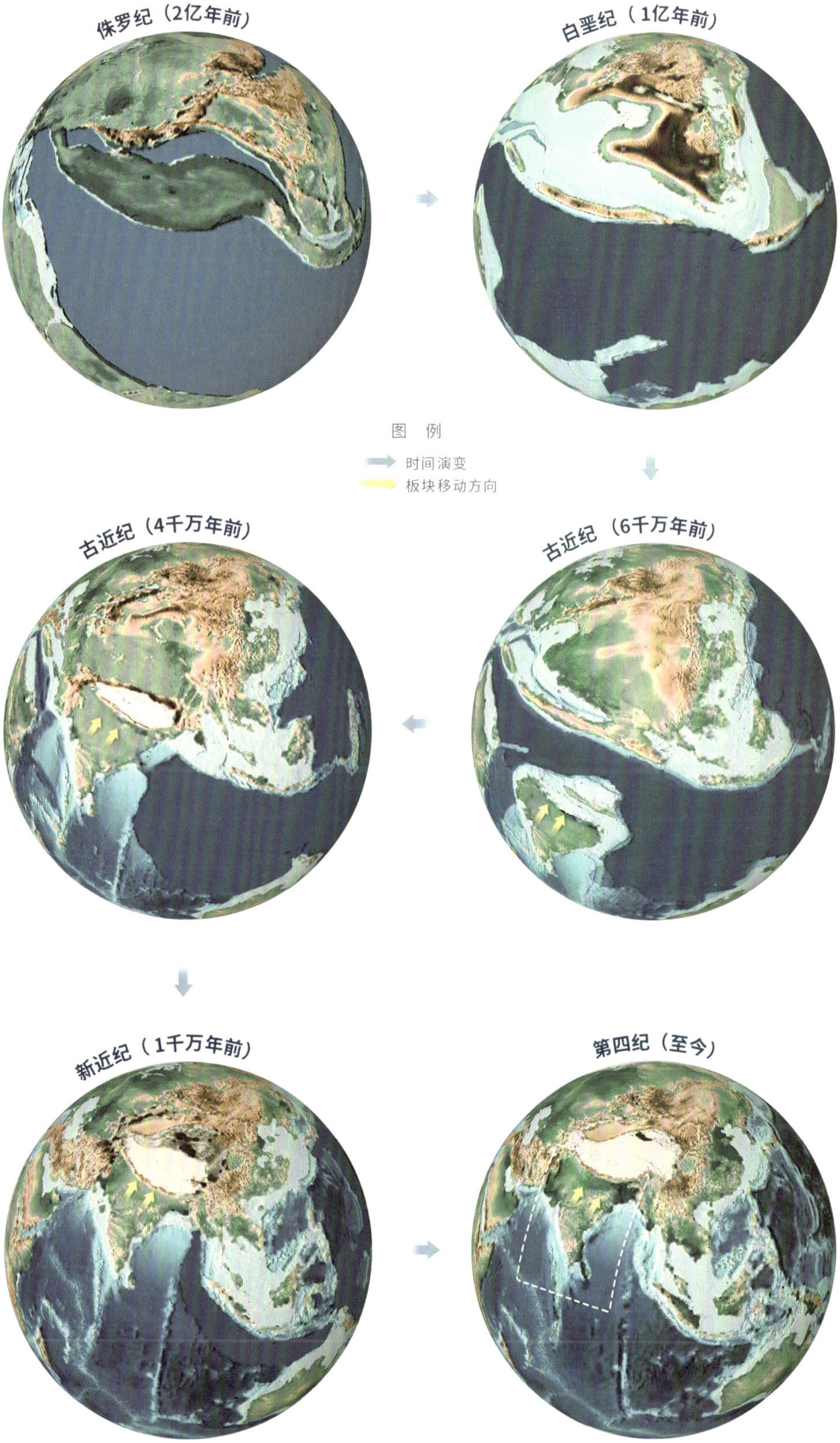

▶ 2 亿年来的地球板块运动示意图

数据源自：Scotese,C.R., An Atlas of Phanerozoic Paleogeographic Maps:The Seas Come In and the Seas Go Out.

什么是板块运动?

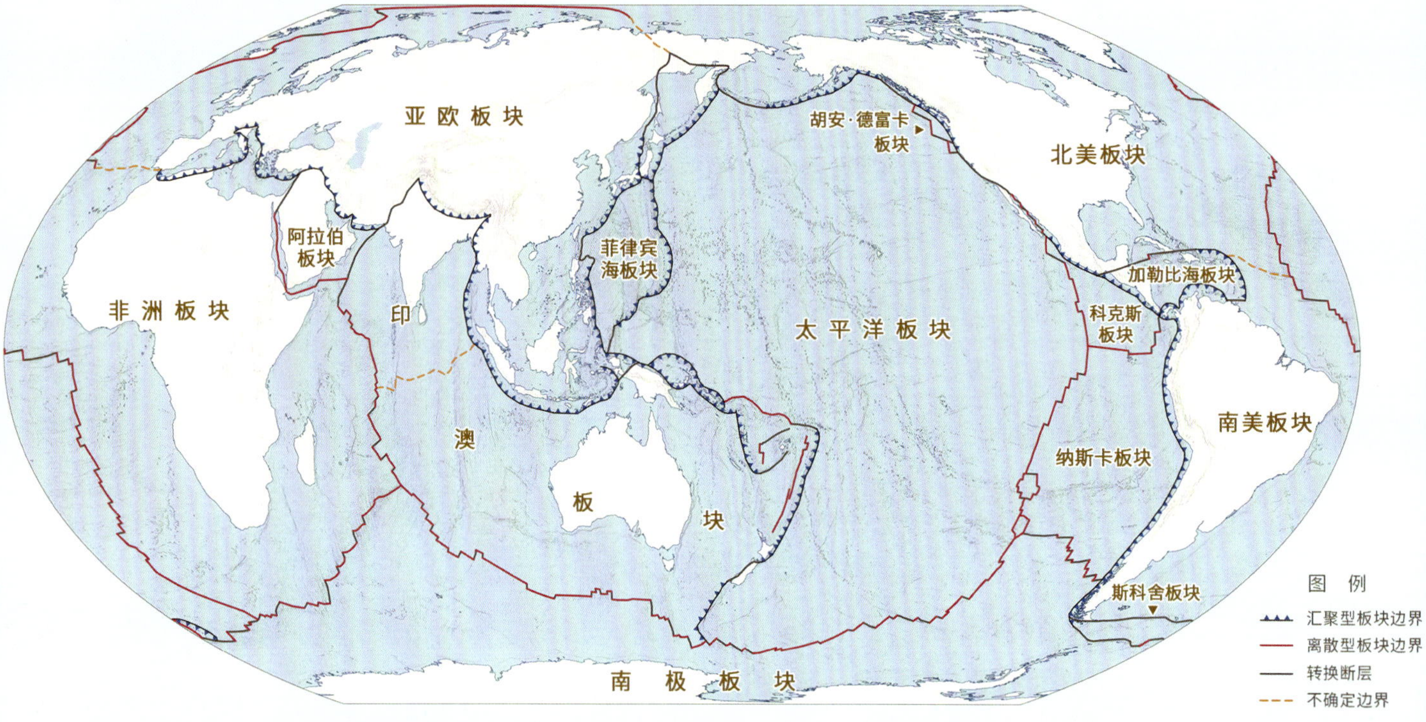

▲ 全球板块构造示意图

100多年前，一位叫魏格纳的德国气象学家在看一张世界地图的时候，突然有了一个惊奇的发现：非洲西海岸的轮廓与隔海相望的南美洲东海岸的轮廓可以吻合，两个大陆似乎可以像七巧板一样拼合成一个整体。在收集了各方面资料后，魏格纳提出了一个大胆的想法：在很久以前，地球可能是一块完整的超级大陆，随后分裂成一块块新大陆，并不断地漂移，逐渐形成今天海陆分布的格局，这就是著名的"大陆漂移学说"。然而该学说提出后的几十年里，学术界几乎没有人认同他的想法，因为其理论远超当时人们的认识，也没有十分确凿的证据。

直到20世纪50年代以后，来自古地磁等领域的证据日益丰富，在大陆漂移学说的基础上，板块构造学说诞生。该理论认为地球的岩石圈并不是一整块的，而是被分成了不同的构造单元，这些构造单元就称为板块。全球可以大致分为六大板块，分别是亚欧板块、非洲板块、美洲板块、太平洋板块、印澳板块和南极板块。同时，这些大板块之间还可以划分出一系列小板块。

板块与板块之间的相对运动，被称为板块运动。板块间的交界处是板块运动最活跃的地方，主要分为两种：一种是生长边界，板块间发生分裂和扩张，"撕裂"出大陆的裂谷或者发育成海洋；另一种是消亡边界，是板块间水平方向上的靠近，海洋逐渐萎缩。当大陆板块间相互碰撞挤压，会形成连绵的山脉。当大陆板块与大洋板块相互碰撞，则会形成海岸山脉、海沟和海岸火山弧。而大洋板块间相互碰撞，也会形成海沟及岛弧。

板块挤压的巨大力量，往往能使岩层发生上凸或下凹的变形，就像被挤皱的床单一样，这就是褶皱。当压力超过了岩石的承受力，坚硬的岩层就会发生断裂，这些断裂的地方被称为断层。喜马拉雅山脉的形成和板块运动密不可分，正是印度洋板块和亚欧板块的碰撞形成了喜马拉雅山脉。

什么是海拔高度和相对高度？

海拔高度是指某个地点与平均海平面之间的垂直距离。全球各地海平面高度并不统一。在我国，海拔高度的计算以山东青岛观象山观测到的黄海多年平均海面高度为高程测量的基准，其海拔高度定义为0米。世界最高峰——珠穆朗玛峰比海平面高出8848.86米，其海拔高度即为8848.86米。而中国内陆最低处——位于新疆吐鲁番盆地的艾丁湖，其湖面比海平面低了154米，其海拔高度即为-154米。

而相对高度，则是两个地点的海拔高度之差。比如，一座山的山顶海拔比它的山脚处海拔高出1000米，那它的相对高度就是1000米。相对高度代表了一个地方地势起伏的大小，相对高度比较大的地方，地势起伏就比较大。在西藏有一个有趣的现象，这里拥有许多海拔6000米以上的雪山，它们的海拔高度足以“碾压”五岳。然而，到了实地去观察，却发现这些本以为是睥睨天下的雪山，看起来并没有那种磅礴的气势。这是因为西藏所处的青藏高原平均海拔达到4000米以上，因而这些雪山的相对高度往往不足2000米。

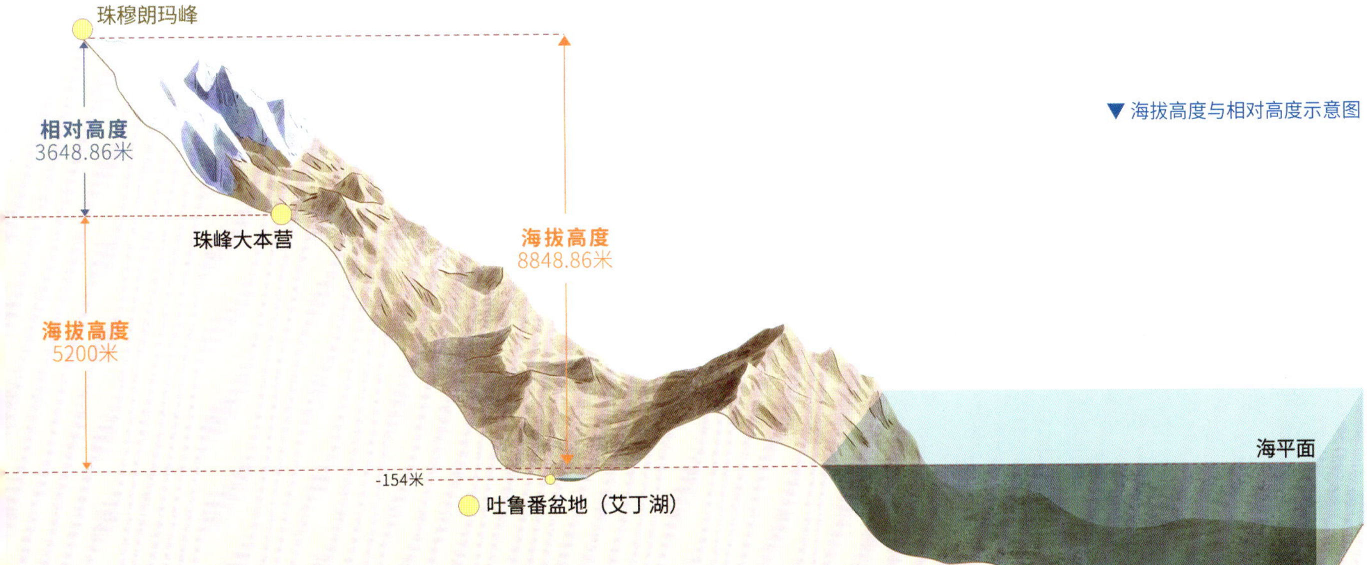

▼ 海拔高度与相对高度示意图

连绵的山脉如同野兽弓起的背脊，这些山脉最高处的连线被称为山脊线，喜马拉雅山脉的主脊平均海拔超过 6000 米。全球 **14 座**海拔 8000 米以上的独立山峰中，就有 **10 座**位列于此。全球 **169 座** 7000 米以上的独立山峰中，有 **83 座**坐落其间。喜马拉雅山脉拥有如此密集的极高山，在世界范围内都是独一无二的。

海拔 8848.86 米的世界第一高峰**珠穆朗玛峰**，如同“王的代言人”般屹立于中国和尼泊尔之间。在它的周围，世界第四高峰——海拔 8516 米的**洛子峰**，世界第五高峰——海拔 8463 米的**马卡鲁山**，以及世界第六高峰——海拔 8201 米的**卓奥友峰**，如群星闪耀般共同组成了世界最高山峰群。日出前，雪白尖峭的山峰直刺苍穹，将英雄般的傲骨展露无遗。当日出来临时，群峰仿佛换了一副模样，如同一个个披上“金色轻纱”的温婉少女，迷人的形态倒映在碧蓝的湖水上。

在珠峰东西各约 120 千米处，世界第三高峰——海拔 8586 米的**干城章嘉峰**和世界第十四高峰——海拔 8027 米的**希夏邦马峰**各据一方。其中，干城章嘉峰是世界上位置最靠东的 8000 米级山峰。它造型奇特，如同一个雪白的巨型“宝盒”平地而起，在阳光的照耀下，金光闪闪。

▼日初前的珠穆朗玛峰、洛子峰、马卡鲁山和珠穆朗卓／摄影 曲子华

▲ 干城章嘉峰／摄影 张善友

▲ 道拉吉里峰东南坡面／摄影 曾科

盛开的鲜花和远处“高冷”的道拉吉里峰形成鲜明对比。

在希夏邦马峰以西，世界第八高峰——海拔 8156 米的**马纳斯卢峰**，世界第十高峰——海拔 8078 米的**安纳布尔纳峰**，以及世界第七高峰——海拔 8172 米的**道拉吉里峰**，在 230 千米范围内，由东向西依次排开，在每一个清晨次第迎接朝晖。

以上的 9 座 8000 米级独立山峰都集中在喜马拉雅山脉主脊的中段，余下的一座 8000 米级独立山峰是世界第九高峰**南伽峰**，它以海拔 8125 米的高度守卫在喜马拉雅山脉的最西端。它山体嶙峋、棱角分明，冰川从山顶倾泻而下。

▼ 日出时分披上“金色轻纱”的珠穆朗玛峰、洛子峰、马卡鲁山和珠穆朗卓／摄影 曲子华

▲ 珠穆朗玛峰北坡／摄影 王剑峰

▲ 南迦巴瓦峰月升／摄影 夏启铭

除了这些顶级的高峰，许多 7000 米级的山峰同样精彩，有状如金字塔的**卡热疆峰**，阿里地区最高峰**纳木那尼峰**，等等。海拔 7782 米的**南迦巴瓦峰**镇守喜马拉雅山脉东端，时而红日映金山，时而浓雾锁群峰，时而彩云绕山间，变幻无穷。

此外，还有为数众多 6000 米级的山峰，它们许多甚至没有名字，但同样瑰丽奇绝，放到其他任何地方，都足以让人顶礼膜拜。山形富于变化的**阿玛达布拉姆峰**（位于尼泊尔境内），从某个角度欣赏，它是一个尖峭的三角形，而换一个角度，尖峭的山顶却像是被磨圆了。

如此高的海拔，如此众多的世界级高峰，让喜马拉雅山脉成为名副其实的“山之王者”。接下来，我们将登上群峰，去见识一番王者的“冰雪皇冠”。

▼ 7000 米以上独立山峰归属图

2	天山
3	帕米尔高原
5	昆仑山
8	兴都库什山
63	喀喇昆仑山
1	冈底斯山
3	念青唐古拉山
83	喜马拉雅山
1	横断山

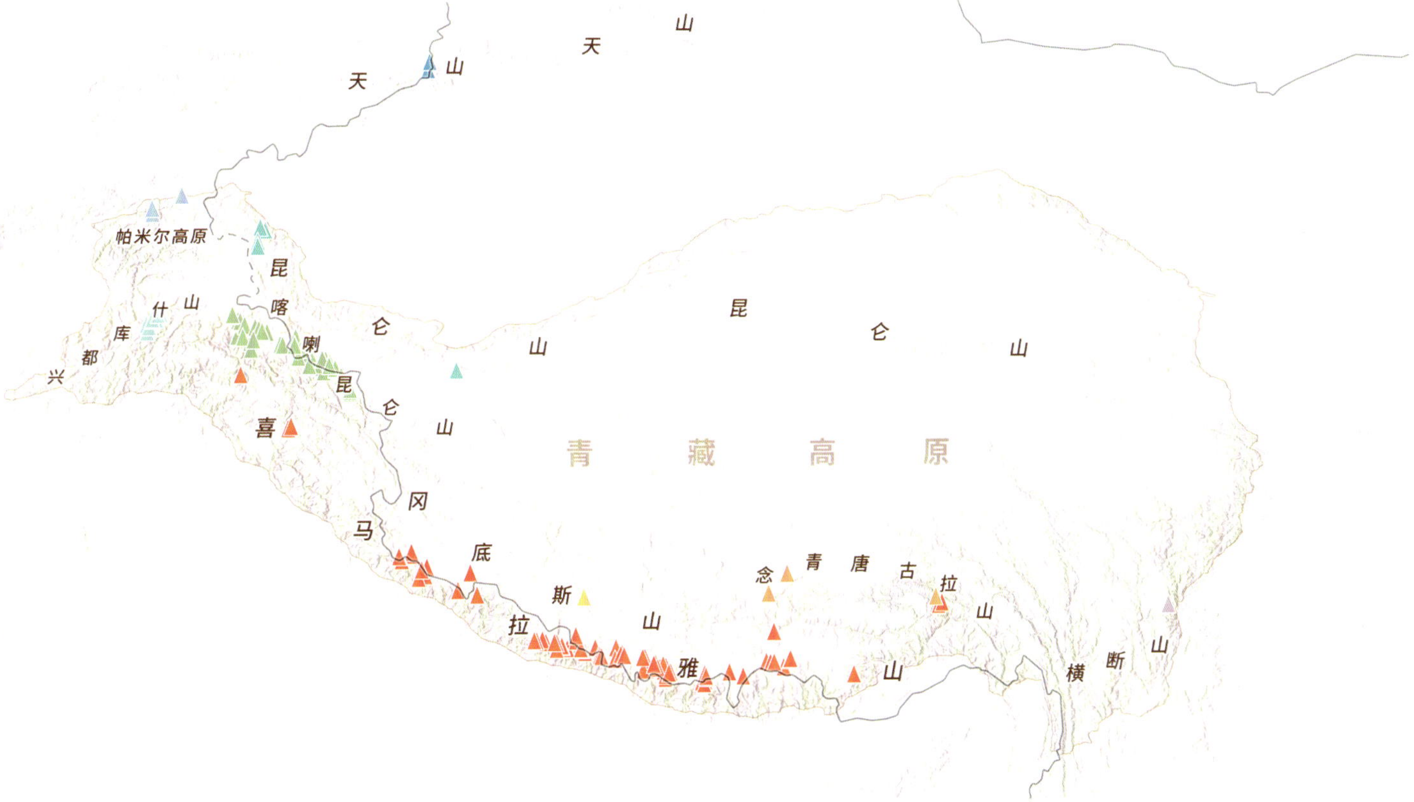

第2幕 冰雪皇冠

在垂直方向上，随着海拔的上升，气温不断降低。在喜马拉雅山脉一带，到海拔 4500 ～ 5000 米时，年平均气温可达 0℃以下。而到了珠穆朗玛峰峰顶，年均气温更是只有 -27℃左右，有时甚至会出现 -50℃以下的极端低温，而最高温也不足 0℃。

长期的低温使得这里的极高山上，洁白的积雪终年不化，并逐渐累积形成冰川。它们或覆于山顶，或从高山之上直泻谷底，造就了地球上低纬度地区最大的冰川作用中心。上万条冰川在喜马拉雅山脉上发育：在珠峰北坡山谷中蔓延的绒布冰川，位于南坡的昆布冰川，位于东坡的康雄冰川，处在希夏邦马峰一带的野博康加冰川，以及纳木那尼峰上覆盖的一条条冰川……大量冰川将喜马拉雅山脉包裹成冰雪的世界。在藏语中，“喜马拉雅”本身的意思，便是“冰雪之乡”。

▼ 希夏邦马峰北坡冰塔林／摄影 王嘉

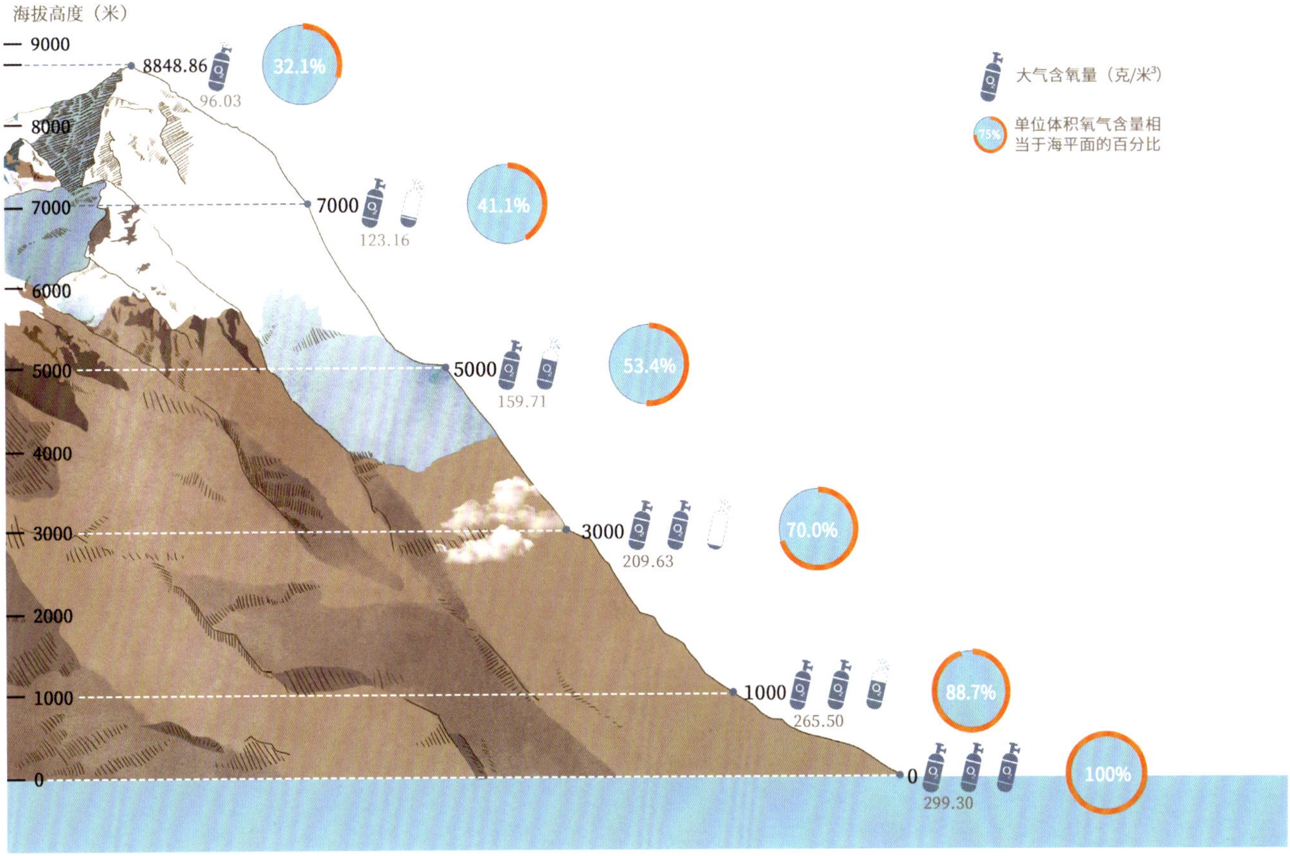

▲大气含氧量随海拔高度变化示意图

一座座雪山、一条条冰川构成了“王的皇冠”，它们无时无刻不在彰显着王者的威严。

这里是生命的禁区：极低的温度，会让探险者暴露在外的皮肤严重冻伤，情况严重的有可能需要截肢。山顶的氧气含量极低，就连呼吸都是一件困难的事情。10 级以上大风呼啸而过，任何人都禁不起这样的大风长时间的摧残。低温、低氧、大风，极端的气候条件似乎要将一切生命都拦截在外。不时发生的雪崩，更是横扫一切，令人无处躲避。在远处看起来浑然一体的冰川，实际上布满了难以被发现的“陷阱”——冰裂缝，时刻有可能令探险者掉落其中。这片让人心生畏惧又令人无限向往的险境，只有准备充分的人才有机会一睹它的真容。

极高的海拔，造就了一个冷酷的生命禁区。与此同时，连绵的极高山还成为一扇巨大的水汽屏障，让喜马拉雅山脉南北两翼的环境大相径庭。

登顶珠穆朗玛峰，你会经历什么？

毋庸置疑，攀登珠穆朗玛峰是一场挑战人体极限的探索。海拔 8848.86 米的珠穆朗玛峰，是喜马拉雅山脉的主峰，同时也是世界最高峰。在过去的近 70 年间，大约只有 6000 人成功登顶。同时也有多达数百人不幸倒在了途中，永远留在冰与雪的荒野里。这些冷冰冰的数据，直观地告诉了我们登顶珠峰的难度。

那么，攀登珠穆朗玛峰究竟是一种什么样的体验？在这个过程中，我们又会看到什么呢？这将是我们在城市中完全无法体会的感受。接下来，让我们沿着中国登山队传统的北坡路线登顶珠穆朗玛峰，经历一场生命的考验，目睹绝大部分人所看不到的景色。

▲ 夜晚的珠峰大本营／摄影 李珩

在到达前往珠穆朗玛峰的公路终点后，我们的旅途将从海拔 5200 米的珠峰大本营开始，珠峰大本营是攀登珠穆朗玛峰的前哨阵地，登山者们在这里进行登顶准备。珠穆朗玛峰每年 6 月到 9 月是雨季，10 月到第二年的 4 月是风季。唯有 5 月，最有可能出现较好的天气进行登顶。这段最适宜登顶的时间被称作“窗口期”。

站在大本营前遥望珠穆朗玛峰，那股磅礴的气势瞬间扑面而来。夜幕降临，在接近世界之巅处遥望无际的星空，真是一番绝无仅有的体验！在珠峰大本营等待的日子，我们已经慢慢适应了高海拔的环境，接下来我们需要徒步前行 10 千米左右，到达更上一级的前进营地。这里的设施条件自然比不上大本营，只能提供短暂歇脚的地方。

早上5点，太阳还未升起，我们按照计划，向着前进营地出发。积累了成千上万年的东绒布冰川铺展在我们眼前，在冰川的末端形成了壮观的冰塔林，或像一把把直插苍穹的利剑，或像一面面迎风的白帆。山坡上是厚厚的积雪，非常容易形成雪崩。一旦雪崩，一波又一波海浪般的雪流便往山下涌动。雪崩曾经吞噬了许多登山者的生命，人们对这样的巨大威力毫无招架之力。能够安然走过这里，已经是幸运儿。接下来，要继续步行5个小时才能到达前进营地。

▲ 攀登珠穆朗玛峰途中的冰塔林／摄影 胡国亨

与周围气吞山河的冰川相比，前进营地上，在乱石遍布的地面上搭建的一个个帐篷显得“弱不禁风”。在这里，海拔已经上升到 6500 米，相比之下，拉萨的平均海拔不过 3600 多米，北京的平均海拔是 40 米，而上海的平均海拔只有 4 米——绝大多数人类居住的地方，远远低于 6500 米这一海拔高度。仅凭海拔而论，我们已经击败了地球上超过 99% 的人类。

极高的海拔让这里的温度更低，空气稀薄，极其缺氧。在这样的环境中，我们的肢体容易冻伤，同时可能会让我们产生严重的高原反应，几乎失去味觉，进食如同嚼蜡。当这种情况没有好转的迹象时，我们必须在营地中继续休息，否则高原反应进一步加重，将会导致严重的脑水肿，引发生命危险。

大部队继续前进，这里必须要提醒你，沿途一定要时刻集中精神，注意脚下深不可测的冰裂缝或极为陡滑的冰坡。如果动作稍有不慎，就可能会滑坠跌伤。

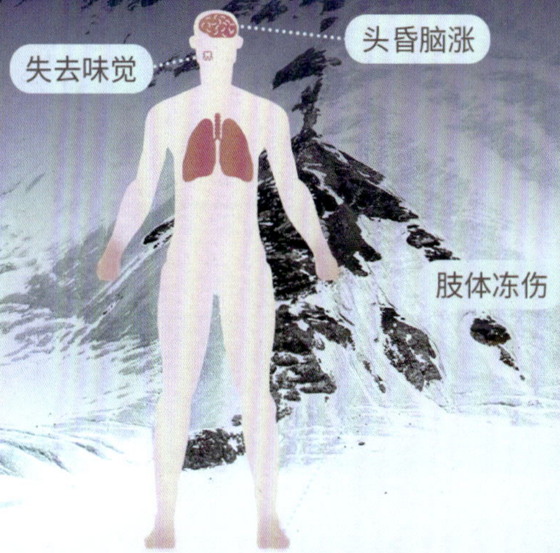

▲前进营地／摄影 胡国亭

在气势磅礴的冰川前，营地上搭建的帐篷显得渺小而脆弱。

闯过各种难关之后，我们到达海拔 7028 米的北坳营地，高原反应依旧如影随形。此时威胁人们的，不仅仅有极低的氧气含量，还有严酷的天气。这座极寒的山峰，此时将它的冰冷与残酷暴露无遗。-30℃～-20℃的极寒，仿佛要冻结你的呼吸。羽绒服、手套、眼镜、帽子……各种保暖装备，一样也不能少。否则，这里极低的温度会将我们的肢体冻伤，严重时只能被迫截肢来保住性命。

除了极低的温度，7 ~ 8 级及以上的狂风，也在冲击着登山队员。特别是在大风口——这是一个山峰与山峰之间狭小的关口，每一缕风都在这里为了争抢通道而加速，形成强烈的“狭管效应”，原本已经非常暴烈的狂风，变得更加猛烈。在与狂暴的大风搏斗 7 ~ 8 小时后，我们才有机会踏上海拔 7790 米的 7790 营地。

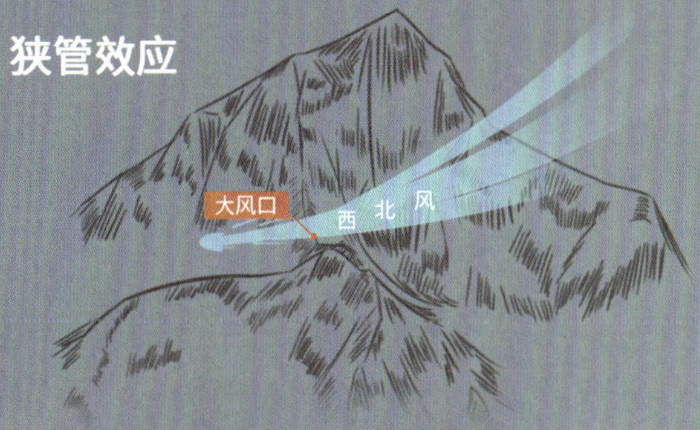

▲ 珠穆朗玛峰北坳全景／摄影 韩子君

在7790营地休整一晚后，我们将在缺氧、严寒与大风的持续考验下，登上最后一个营地——海拔8300米的突击营地。在这里，我们将度过在地球"第三极"的最后一个夜晚。这一夜会十分短暂，半夜1点半就要出发。否则到太阳出来后，风力逐渐增大，部分积雪融化，会增加发生意外的风险。短暂休息过后，几处阶梯状的巨大岩壁等待着我们攀登，这就是考验一个又一个登山者的"三大台阶"。

第一台阶，海拔8500米。登上这里后，我们即将迎来岩体基本接近90度，总体高差接近20米的第二台阶。这里是任何一个珠穆朗玛峰北坡登顶者都无法忘怀的所在。1924年，英国著名登山家马洛里在这一高度遇难失踪。之后的18年，英国登山队6次远征，无一不是在这里被迫停止。1960年，第一代中国登山人在此用血肉之躯搭成梯子，拼死跨越这道曾经的生命极限。1975年，第二代中国登山人又在此搭建"中国梯"，为世界从北坡登顶珠穆朗玛峰打开通道。

登上险峻的第二台阶后，只剩下第三台阶横亘在眼前。登上海拔8720米的第三台阶，曾经矗立在眼前的高山很多已在脚下。此时回首遥望来时路，山峦叠嶂，白雪皑皑，已经十分震撼。而最高处的风景，更值得我们期待。

登顶之前，我们还要面临最后一道"鬼门关"。这是一段如刀斧劈砍过的、被称为"横切路段"的崖壁。很多登山者，在即将看到胜利曙光前，不幸在此坠落殒命。攀过"横切路段"之后，我们的体力已经达到极限，但峰顶已在眼前。

◀ 第二台阶全貌／摄影 刘政

历经千难万险，迈过一道又一道的死亡关口，终于来到了珠穆朗玛峰峰顶！在这里，极目远眺，前方再也没有任何遮挡。群山匍匐在我们的脚下，更远处的苍茫仿佛是地球与太空的界限。这是珠穆朗玛峰峰顶！是绝大多数人从未见识过的极致风光。身边的队友有的热泪纵横，有的向天祈祷，有的亲吻大地，而更多的是在拍摄珍贵的影像，内心无比喜悦。立于云层之上，大地之上再也没有更高的存在来让我们挑战。

然而这还不是结束，活着下山才是最终的成功。下山的过程中，失足、缺氧、失温，任何一个小错误都有可能把我们永远留在珠穆朗玛峰。从历史数据上看，这个概率达到4%。这些成功登顶的人还来不及与周遭的人分享登上珠峰的喜悦，就永远地离开了。

半夜1点半从突击营地出发到登顶，一共7～8小时的高强度运动，双腿像灌了铅一样，而下撤的路上，之前遭遇的冰裂缝、低温、狂风……一样都不会少。

现在我们开始往下撤，高度下降，8300米的突击营地，坚持住，活着回家！7790米的7790营地，抓好路绳，大风口又要到了！7028米的北坳营地，小心前面的冰裂缝！6500米的前进营地。下，继续下！大本营的美食、按摩椅。啊，我们又回来了！终于，在连续跋涉了21个小时后，我们到达了5200米的大本营，简单地吃了一顿，美美地睡了一觉。

当再一次站在珠穆朗玛峰脚下，回首攀登之路，此前的一幕幕又在眼前浮现，山上短暂的缺氧让大脑反应也有些迟钝，还没恢复过来的身体提醒着我们，这一切如此真实地发生过。

珠穆朗玛峰，你好！再见！

▶ 第三台阶的下降口位置／摄影 刘政

deuter

绝境长城

第3幕

每年夏天，从印度洋而来的南亚季风，会携带大量的水汽北上，吹拂印度半岛，给那里带去丰沛的降水。然而当季风试图进一步向北，进入亚洲中心地带时，直逼天际的喜马拉雅山脉便将它拦了下来。

喜马拉雅山脉主脊平均海拔超过 6000 米，携带水汽的季风难以逾越这一巨大的屏障，气流只能被迫抬升，水汽在更高的海拔遇冷凝结，给喜马拉雅山脉南翼带来充沛的降水，许多地方年降水量可超过 2000 毫米。一些地形特殊之处，降水量更是惊人，如喜马拉雅山脉南麓的乞拉朋齐，年降水量最高曾超过 20000 毫米，堪称“世界雨都”。充沛的降水也让喜马拉雅山脉的南翼孕育出茂密的森林。

当部分气流好不容易越过主脊来到北翼时，水汽已经所剩无几，降水量也大幅减少。在北翼的绝大多数地方，年降水量不超过 500 毫米。加上北翼整体海拔较高，大部分地区形成了高寒干旱的环境，多为覆盖着岩石地表的高山草原、草甸。

▼ 喜马拉雅山脉山地降水形成示意图

喜马拉雅山脉不仅在夏天阻挡着南亚季风，在冬天它的屏障作用仍然存在。从大西洋远道而来的西风，在遇到高大的青藏高原时被迫分流，其中一支便绕行到喜马拉雅山脉的南翼。西风带来的水汽，再一次被截留到喜马拉雅山脉西南一侧，北侧的降水在冬天同样稀少。

突出的屏障作用，让喜马拉雅山脉无论夏、冬，都成为一条如同施加了魔法的“绝境长城”。在这道长城的隔绝下，喜马拉雅山脉南北变成一干一湿的两个世界。

▶ 干城章嘉峰南坡森林／摄影 曾科

干城章嘉峰南坡为迎风坡，气候温暖湿润，一派生机勃勃、绿意盎然的景象。

▶ 干城章嘉峰北坡／摄影 王剑峰

干城章嘉峰北坡为背风坡，降水稀少，气候干旱，显得十分荒凉。

除了降水量的差异之外，喜马拉雅山脉南北坡的冰川类型也不同。

在降雪量更多的南坡，雪线海拔一般在4400～4500米，由于降雪补给充分、温度较高，冰川冻结、融化速度较快，所以南坡的冰川运动迅速，裂缝也较多，冰川的末端还常常能与森林“同框”出现。

而在降雪量偏少的北坡，雪线海拔已上升至5800～6000米，珠峰地区雪线海拔更是高达6200米。北坡降水补给较少，冰川运动速度相对较缓，卷入其中的沙石较少，因而更为纯净。一些冰川末端还在太阳的照射作用下形成了神奇的冰塔林。

连绵的极高山，如同一道巨型封锁线，分隔了喜马拉雅山脉南北两个不同的世界，彰显着“山之王者”的威严与决绝。值得注意的是，如今，印度洋板块仍然在以每年3.5～5厘米的速度向北推移，喜马拉雅山脉也在持续不断地“增高”，它的屏障作用也将持续影响着山脉南北两侧的景观。不过，喜马拉雅山脉的增高并不是无限制的。因为，风霜雨雪等自然之力将从各个角度向喜马拉雅山脉发起攻击，不断削减山脉的高度，改变山脉的模样。

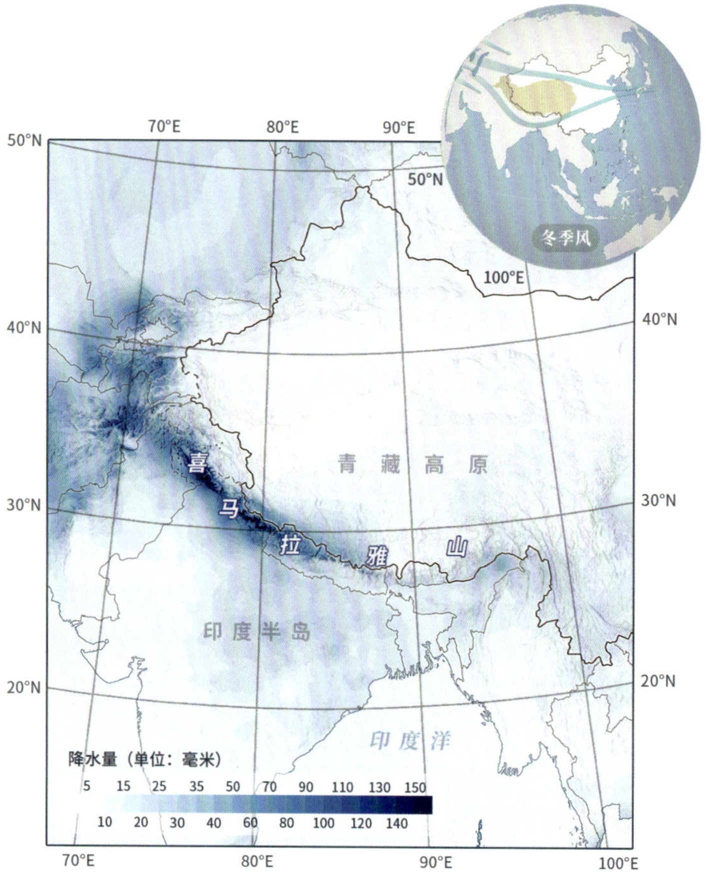

▲ 喜马拉雅山脉1月降水量分布示意图

▼ 喜马拉雅山脉7月降水量分布示意图

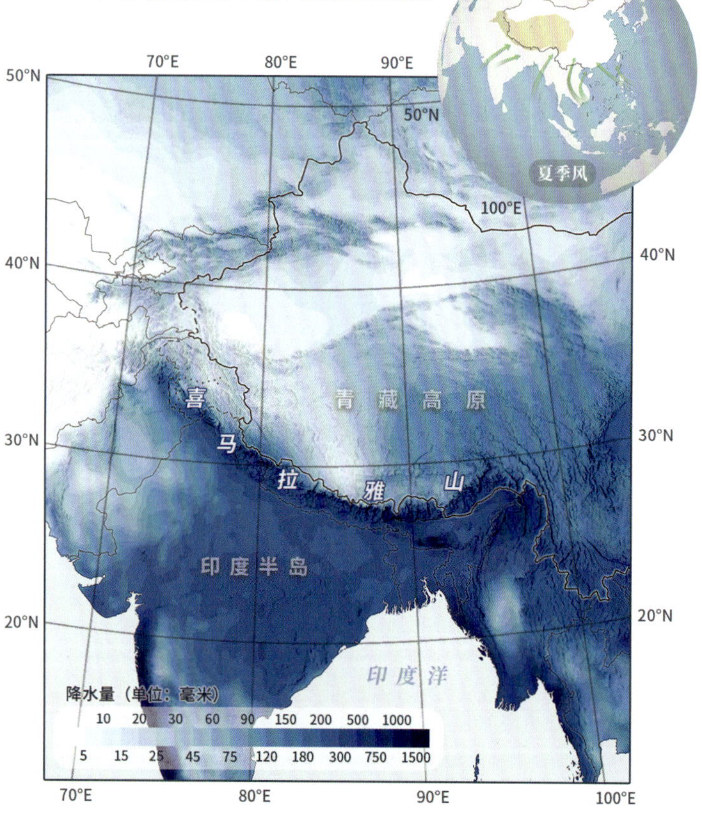

什么是雪线?

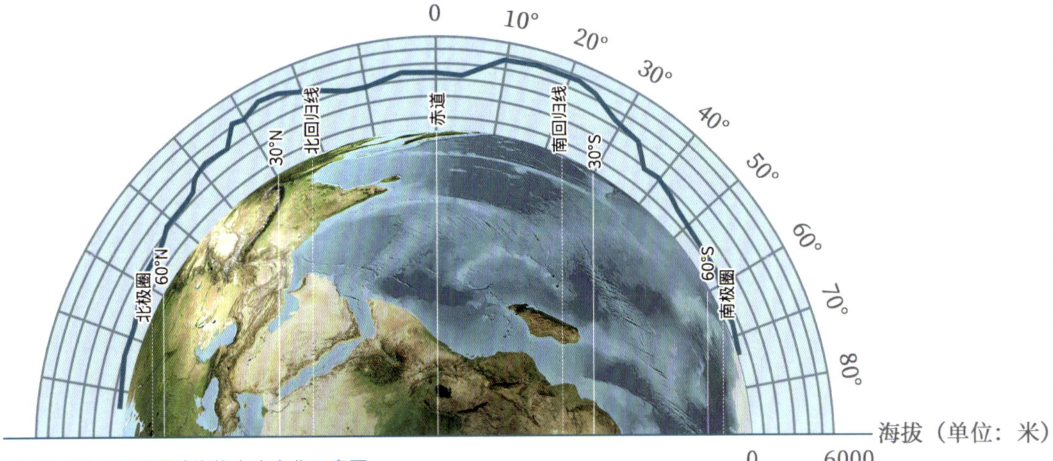

▲ 不同纬度下的雪线海拔高度变化示意图

当山峰足够高的时候，它就有可能戴上一顶由积雪和冰川组成的“冰帽子”。这顶“冰帽子”并不是常年不变的，它的“帽檐”会根据不同季节气温、降雪的变化而上升或下降。因此，在山峰的某些地带，在气温低的季节存在积雪，在气温高的季节积雪会融化，这就是季节性积雪区。而到达某个高度后，积雪和冰川就会常年存在，这些地方就叫作常年积雪区。而山峰上季节性积雪区与常年积雪区的交界地带，被称作雪线。

在不同的地方，雪线的高度是不同的。一般而言，雪线高度会受到纬度、降水量、气温、坡向等因素的影响。通常情况下，纬度越低的地方，气温越高，山脉的雪线高度越高。山脉的朝向也会对雪线高度产生影响，一般面朝太阳照射方向的山坡雪线高度更高，因此通常北半球的山脉南坡比北坡雪线高度高，南半球山脉北坡比南坡雪线高度高。除此之外，降水量越大的地方，由于补给更多，通常雪线更低。喜马拉雅山脉的南坡比北坡雪线高度低，就是因为南坡的降水更多。

随着全球气候变暖的日益加剧，世界上很多山峰的雪线高度在不断变高，常年积雪区越来越小。例如非洲的乞力马扎罗山，曾经以一顶雪白的“冰帽”闻名世界，如今它的“帽子”却在逐渐消失。喜马拉雅山脉同样如此，日益变暖的气候让冰雪加快消融，洁白的雪峰在未来可能变成罕见的风景。

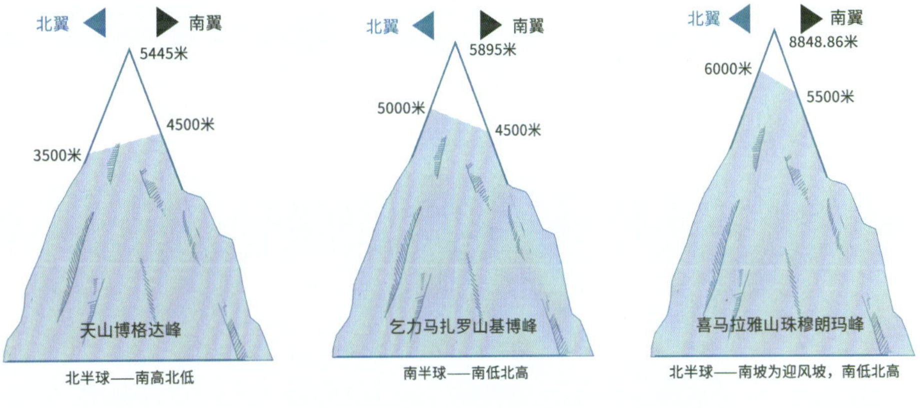

▶ 不同山峰雪线示意图

第4幕 削山为谷

阳光、风、冰川、流水、生物等外部因素都是遏制喜马拉雅山脉持续增高的力量。几千万年以来，喜马拉雅山脉的岩层持续抬升 20 ～ 25 千米，其中，至少有厚达 12 千米的岩层被剥蚀移除。正是有了外力的对抗，喜马拉雅山脉才没有增长到更加可怕的高度。

但是，外力对山体的破坏并不均衡，冰川与河流的力量远超其他外力作用，它们将进一步塑造喜马拉雅山脉的模样。

高山之上，流动的冰川是绝对的主力。它们所到之处开山劈石、无往不利。喜马拉雅山脉上遍布的尖锐的角峰、锋利的刃脊、宽大的 U 形谷，就是冰川侵蚀的赫赫战绩。

▼ 洛子峰及其脚下的昆布冰川／摄影 刘磊

▼ 遍布喜马拉雅山脉的角峰、刃脊／摄影 李珩

袭夺前
印
度
河
南伽峰
8125
喜
马
拉
森格藏布
（狮泉河）
阿伊拉日居
噶尔藏布
朗钦藏布
（象泉河）
马甲藏布
当却藏布
（马泉河）
新德里
恒
河
恒
河
图例
自治区行政中心
外国首都
未定
国界
地区界
军事分界线
常年河
湖泊
珠穆朗玛峰
8848.86
山峰及高程（米）

▲ 河流袭夺示意图

冰川之下，流水开始接力。通常情况下，两个相邻的河流水系，由一条山脉或一片高地分隔开来，这就是分水岭。最初的时候，分水岭两侧的河流相安无事，各自流淌。然而，强烈的溯源侵蚀（即河流向源头方向侵蚀），有可能让河流贯穿分水岭。一旦突破分水岭，河流就有机会切入位于原来分水岭另一侧的河谷，抢夺邻河的上游河段，从而快速延长自身长度，而被抢夺源头的邻河，下游有可能变为干河。这种变化就被称为“河流袭夺”。河流袭夺常常发生在降水丰沛、地势相对陡峭的地区。尤其在喜马拉雅山脉南麓，河流袭夺的现象不胜枚举。

位于喜马拉雅山脉东段的布拉马普特拉河，更是教科书般地将河流袭夺的现象演绎得淋漓尽致。它是如何实现的呢？原来，喜马拉雅山脉与念青唐古拉山围成了一个向南开口的喇叭口，“兜”住了南亚季风带来的大部分水汽，大量水汽在此汇集，降水猛烈增加。随着时间流逝，喇叭口中的布拉马普特拉河切穿山体，不断向着河流的源头侵蚀山体，最终贯穿山脉的主脊线，袭夺了雅鲁藏布江。有了雅鲁藏布江的源头之水，布拉马普特拉河成功跻身世界级大河行列。同时，不断深切山体的流水还在群山间切割出了世界上最深的峡谷——雅鲁藏布大峡谷。

▲ 喜马拉雅山脉水系示意图

▼西藏山南市的勒布沟／摄影 王剑峰
勒布沟深且窄，沟谷两岸植被苍翠，沟底激流勇进。

此外，还有许多原本位于喜马拉雅山脉南翼的河流，也和布拉马普特拉河一样，在大量降水的助力下，纷纷贯穿了山脉主脊线。再加上随着喜马拉雅山脉的增高，河流坡度增加，流水速度猛增，下切作用越来越明显。最终，数十条河流，包括印度河、亚东河、孔雀河、西巴霞曲、娘江曲、洛扎曲、朋曲、象泉河，甚至恒河……都在南北方向上，贯穿了喜马拉雅山脉主脊线，在喜马拉雅山脉上切割出深度 2000 ~ 3000 米的深切峡谷，喜马拉雅山脉也就因此拥有了世界上最为雄奇的深切峡谷群。

而群山之间数之不尽的沟谷，在自然与人文两方面极大地丰富了喜马拉雅山脉的景观。

第5幕 庇护生灵

喜马拉雅山脉南麓年均气温在 25℃。随着海拔的上升，气温不断降低，从山脚到山顶，温差最大可达 50℃以上，再加上南亚暖湿气流的滋润，喜马拉雅山脉南坡从低到高孕育出了 8 个自然带，包括热带季雨林带、亚热带常绿阔叶林带、暖温带针阔混交林带、寒温带针叶林带、亚高山寒带灌丛草甸带、高山寒冻草甸垫状植被带、高山寒冻冰碛地衣带和高山冰雪带。如此丰富的自然带，构成了喜马拉雅山脉色彩斑斓的衣裙。

不同的自然带也孕育出适应特定环境的动物。以猫科动物为例，从低海拔的纹猫、云豹、印度花豹、孟加拉虎，到中山地带的丛林猫、亚洲金猫、豹猫、金钱豹，到亚高山、高山地带的猞猁、兔狲、雪豹，都在喜马拉雅山脉不同的海拔地区自在地生活。因此，喜马拉雅山脉堪称一座“猫科动物博物馆”。

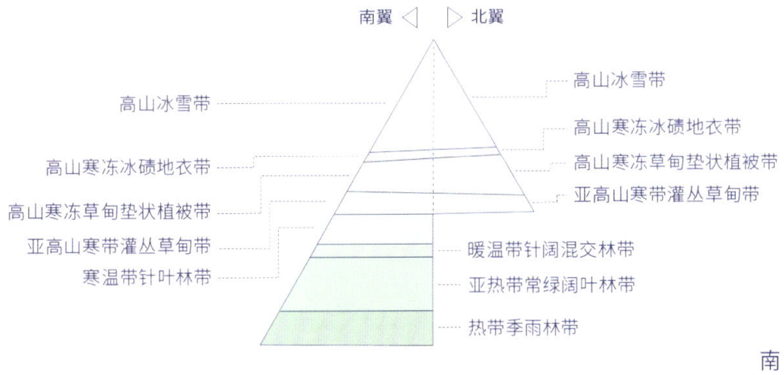

◀ 喜马拉雅山脉垂直自然带分布示意图
喜马拉雅山脉南翼有 8 个自然带，北翼因为基带海拔高，只有 4 个自然带。

猫科动物博物馆

在食肉目哺乳动物当中，有着一群猫科动物，它们有的长着一副婴儿般可爱的脸庞，有的则体形庞大，眼神凶狠，是让许多动物生畏的“杀手”。猫科动物又可以被分成两类，一类是豹亚科，包括了金钱豹、孟加拉虎、非洲狮等，俗称“大猫”；另一类就是猫亚科，包括猞猁、豹猫、兔狲，以及我们养的家猫等，俗称“小猫”。海拔很高、峡谷很深的喜马拉雅山脉，拥有丰富的自然环境，成为大量不同种类猫科动物的家园。

丛林之王

孟加拉虎

在喜马拉雅山脉南麓的丛林之中，生活着一种非常凶猛的“大猫”——孟加拉虎，雄性的体长最大能够达到 2.9 米，体重可以达到 270 千克，是大型猫科动物家族中强悍的一员。

猫科动物基本都是捕猎的好手，这在孟加拉虎身上更是得到了极好的体现。孟加拉虎虽然身形庞大，但它身上橙黄色的毛发加上黑色的条纹成为它的“迷彩服”，让它能够很好地隐蔽在丛林之中，悄悄接近猎物。它的前肢肌肉强健有力，前掌厚实，能够伸出弯月状的爪子，随时都能给猎物致命一击。孟加拉虎还拥有长达 9 厘米的犬齿，在猫科动物中堪称第一，它凭借巨大的咬合力能一下咬穿猎物的喉咙，让其窒息而亡。

如此优秀的捕猎能力，让孟加拉虎成为喜马拉雅山脉南麓丛林中的王者。纵然是独角犀、大象、水牛这样体形庞大的动物，有时也会成为孟加拉虎捕猎的目标。可以说，在大自然中，孟加拉虎极少有天敌。只不过，人类活动范围的扩张、森林的砍伐，让孟加拉虎的栖息地日益减少，使得孟加拉虎面临着艰难的生存困境。

▶ 盛装打扮的藏族人／摄影 温佐沛

图中的藏族人所穿的是阿里地区普兰县独特的“孔雀服”，服饰名贵繁复，全身上下装饰有红珊瑚、绿松石、珍珠、田黄等珠宝。

喜马拉雅山脉上的挑夫：夏尔巴人

在喜马拉雅山脉的沟谷中，生活着众多文化习俗各不相同的民族。其中有一个独特的族群，他们因在攀登喜马拉雅山脉时拥有着非凡的表现而著称于世，他们就是夏尔巴人。人们攀登珠峰的时候，总会有夏尔巴人为他们带来补给、指明道路。因此，夏尔巴人被称为“喜马拉雅山脉上的挑夫”。

如今，夏尔巴人主要生活在喜马拉雅山脉两侧，其中生活在尼泊尔的夏尔巴人最多，喜马拉雅山脉南坡相对比较温暖的山地成为现在夏尔巴人聚居的主要地区。然而有部分学者认为，夏尔巴人在历史上是藏族的一支。这一点在文化习俗上有所体现：夏尔巴人使用藏文；大多数夏尔巴人信仰藏传佛教，有一小部分甚至还信仰西藏本土产生的苯教；夏尔巴人有时也会敬献哈达以表达敬意。而“夏尔巴”这个名字，在藏文中是“来自东方的人”的意思。而当前关于夏尔巴人的族源问题，除了源于藏族外，还有源于中国古代西北族群党项羌等说法。

在历史上，夏尔巴人曾经掌控着西藏到尼泊尔的商路。他们翻越崇山峻岭，在西藏与尼泊尔之间驱赶着牦牛，运输着货物。他们很早就适应了喜马拉雅山脉上严酷的气候环境。夏尔巴人血液中运输氧气的血红蛋白浓度高于常人，使他们能够适应高山上缺氧的环境，且他们不畏艰苦，拥有良好的登山技巧。如今的夏尔巴人在贩运货物之外，更多以为各国登山队提供向导、后勤服务为生。他们在喜马拉雅山脉上，继续书写着民族的记忆，也在世界登山史上，为自己留下了浓墨重彩的一笔。

▼ 夏尔巴人

夏尔巴人为登山者背负沉重的行囊，是喜马拉雅山脉上的挑夫。

▲ 从绒布寺看珠穆朗玛峰北坡／摄影 王剑峰

这些族群在今天分别属于中国、巴基斯坦、印度、尼泊尔、不丹 5 个国家。其中尼泊尔和不丹，几乎全境都位于喜马拉雅山区，是名副其实的山地王国。它们主要的城市，包括尼泊尔的首都加德满都，都分布在山间的沟谷及盆地中。

不同族群又发展出不同的宗教文化，包括佛教、苯教、印度教、耆（qí）那教，以及由佛教和苯教融合而成的藏传佛教。这些宗教拥有着各自的神明信仰，但它们毫无例外都对雪山充满了崇敬之心。

而那些贯穿喜马拉雅山脉主脊线的沟谷，也成为喜马拉雅山脉南北交流的通道。早在公元 7 世纪，吉隆河谷就是尼泊尔通往吐蕃的官道。尼泊尔赤尊公主就由此嫁入吐蕃，大唐使者也曾经由此出访印度。直至今天，这些沟谷仍然是南北往来的要道。

流水切割的一条条沟谷，让本就丰富多彩的喜马拉雅山脉更加异彩纷呈。生命在这里迸发出别样的色彩，文化在这里展现着独特与活力。深切的峡谷与高大的山峰形成强烈对比，成为这个星球上的一大奇迹。

第7幕 尾声

今天，这个丰富多彩的秘境世界，吸引了诸多领域的人前来探索。地质学家渴望通过喜马拉雅山脉揭开板块碰撞的真相，气象学家想要从这片巨大的屏障身上探寻大气运动的规律，生物学家试图在这片充满生机的土地上了解物种多样性的秘密，地理学家则想要在这里探究不同地理要素的相互影响。登山爱好者在面对珠穆朗玛峰这座世界第一高峰时，既渴望在此挑战极限，又希望能在极端的环境下审视自己的内心。摄影师则在这片高山之中抓拍着极致的风景和动人的故事。而原本生活在喜马拉雅山脉上的人们，则更加关注他们自身未来的命运。

印度洋板块与亚欧板块的碰撞还在继续，喜马拉雅山脉也在不断地长高。它将千百万年来气候的信息、生灵的面貌、文明的印记通通封存在庞大的山体中，成为天然的时间胶囊，记录了每一个时代的模样，也见证着万物演变的起起落落。而新时代的人们探索喜马拉雅山脉，就如同触碰地球过往的岁月。

这就是伟大的喜马拉雅山脉。它是山峦的圣殿，是江河的源头，是大地的史诗。

▲ 珠穆朗玛峰北坡与中绒布冰川／摄影 马春林

它是一座引人向往的神山
存在于上古的传说中

它是难以逾越的障碍
让西游的行者望而却步

它拥有白雪冰原
融水滋润荒漠中的点点绿洲

它嵯峨耸立
挺起中国的大地脊梁

巍巍昆仑
群山连绵
这就是昆仑山脉
从神话中走出的超级山脉

2 昆仑山脉

比神话更伟大

▲ 昆仑山脉地形图

昆仑山脉是中国西部的主要山脉，西起帕米尔高原东部，东至青海省境内，东西延绵 2500 千米。昆仑山脉地势西高东低，大致分为西、中、东三段。海拔超过 6000 米的高山主要集中在西段，其中公格尔山为昆仑山脉的最高峰，海拔 7649 米。

昆仑山所承载的第二个想象，是天帝的居所。昆仑山的山顶，是被称为“悬圃（pǔ）”的仙境。那里是所有神仙生活的地方，有金台、玉楼，有天帝的花园，生长着各种神树异草。而在昆仑山的山脚，生活着各种稀奇古怪的神兽：虎身九尾、人面虎爪的陆吾，长相似羊却有四只角的土蝼（lóu），长相如蜂却大如鸳鸯的钦原……它们守护着昆仑山，不让人窥探这座神秘的神山。

昆仑山所承载的第三个想象，是与长生不老有关的神山。相传，长生不老的秘密被生活在昆仑山上的西王母所掌握。在《山海经》的记载中，西王母的形象十分奇特——她头发蓬松，佩戴着一种玉制的发饰，长着豹子一样的尾巴和老虎一样的牙齿，居住在昆仑山的洞穴之中。

▼ 一抹夕阳照射在茫茫白雪覆盖的昆仑山之上／摄影 姜鸿

◀ 汉画像石中的西王母形象／摄影 杨虎

古代神话认为昆仑山中居住着一位神仙“西王母”，画面上有“田（西）王母”字样。

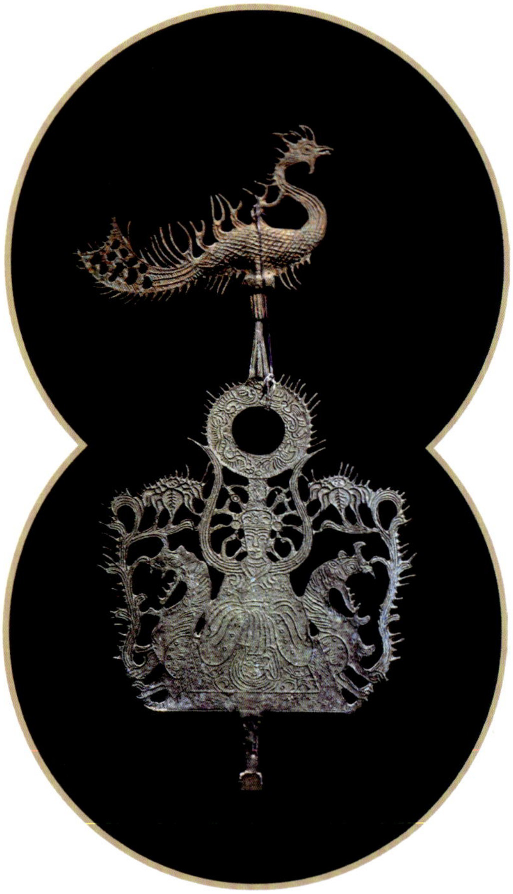

▲ 东汉摇钱树中的西王母形象／摄影 杨虎

摇钱树是东汉时期一种特殊的陪葬用品。摇钱树中西王母的形象寄予了当时人们对长生不老、羽化升仙的追求。

◀ 敦煌莫高窟第 249 窟中的西王母形象／摄影 孙志军

推测为西魏时期的壁画。西王母周围还有青鸟围绕，《山海经》中记载，青鸟是西王母的使者，主要为西王母寻找食物以及传递信息。

据考证西王母应该是古代生活在青海一带的部落首领。但在古代神话故事中，西王母的地位非常高。在嫦娥奔月的故事中，嫦娥就是服用了西王母送给后羿的长生不老药后，奔向了月亮。先秦古书《穆天子传》和魏晋时期的《汉武帝内传》，分别记载了周穆王和汉武帝西巡昆仑山，面见西王母，寻求长生不老秘密的传说。此外，关于西王母和昆仑山的记载，也见于《楚辞》《史记》《庄子》等文学、历史、哲学著作之中。

传说中生活在昆仑山中的西王母，随着时间的流逝，也逐渐脱离了野蛮的形象，一步一步演变成出口成章、貌美绝伦、手握长生不老秘密的仙人。

然而，这些神话传说中的昆仑山，并非我们现在认识的昆仑山脉。我们已经很难确定，各类古代文献中的“昆仑”到底是现代的哪条山脉。直到西汉张骞“凿空西域”，来自东方的人们，才对昆仑山有了更多的认识。

▼ 东汉时期画像石中的九头人面兽／摄影 杨虎
传说为昆仑九道门的守门神兽，它的原型是神兽陆吾。

第2幕 初现人间

汉王朝常受匈奴侵扰，汉武帝为联合西域诸国夹击匈奴，派遣张骞出使西域。十三年后，历经千难万险的张骞，终于“凿空西域”回到长安。通过张骞的叙述，生活在中原的人们终于了解到，原来在西域还有这样一片神奇的土地。此后，西域各国开始与汉朝频繁交往，汉朝也常常派使节到西域诸国。

西行的汉朝使节，逐渐了解到西域的山川地理。其中，大致位于今天新疆和田地区的于阗（tián）国引起了汉朝使节的注意。使节发现，于阗南山上盛产高品质的美玉，而从这座山发源的河流，有可能就是黄河的源头。汉朝使节把这一发现报告给了汉武帝，汉武帝从古书中不断寻找，根据当时有限的地理知识，他认为于阗南山便是黄河的源头，并将此山命名为“昆仑”。司马迁在《史记·大宛列传》中写道：“而汉使穷河源，河源出于窴（阗），其山多玉石，采来，天子案古图书，名河所出山曰昆仑云。”

▼ 和田玉斧／摄影 尚昌平

▲ 昆仑山脉青海段的野牦牛／摄影 姜鸿

虽然我们现在知道黄河并非发源于昆仑山脉，而是发源于昆仑山脉南侧的巴颜喀拉山脉雅拉达泽山，但翻看古籍我们发现，“河出昆仑”的说法屡见不鲜，因为古人坚信养育了华夏儿女的黄河是一条伟大之河，其源头也必定是座纯洁神圣的伟大之山，而万山之祖，神仙的居所——昆仑山，最符合古人的信念。古人对昆仑山的求索超越了对地理真知的追求，而成为一种对民族之根的探求，一种对精神理想的追寻。因而，从汉代到清代的两千多年间，上至王侯将相，下至平民百姓，有无数人加入寻找昆仑山的大潮中，这场大潮好似 20 世纪西方人不断地寻找香格里拉一样，人们把昆仑山视为心目中的理想之境。甚至到了现在，依旧有无数影视作品、文学作品、网络游戏等，还在不断强化其神一般的存在。

第3幕 全景展现

如今，我们已经能够通过实地科考、卫星影像等手段，看到昆仑山脉的全貌。现代意义上的昆仑山脉，位于中国西部，从帕米尔高原东部发端，由西向东延伸至青海。中国东西宽约 5000 千米，昆仑山脉在中国西部就蜿蜒了约 2500 千米，几乎占了一半，就像一道脊梁，支撑起华夏大地的西部。

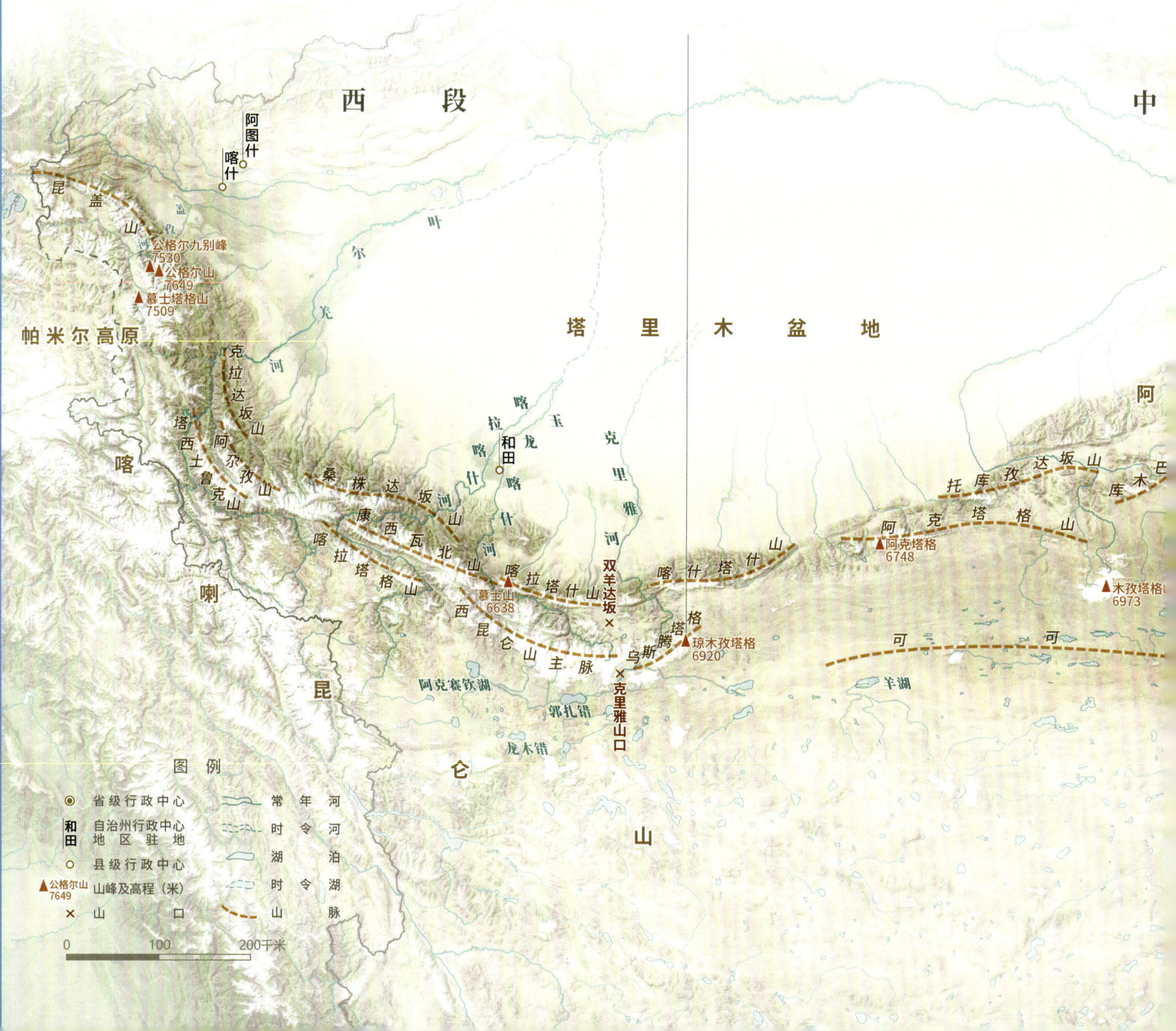

昆仑山脉大致可分为西、中、东三段。

西昆仑处在中国的西北边疆，汉武帝所定名的昆仑山，与现在所称的西昆仑有一部分的重合。它与西南侧平行的喀喇昆仑山一道，构成了中国西部最为磅礴的群山。重重山岭自东向西逐级升高，相继突破 5000 米、6000 米、7000 米大关，仿佛一条直通天庭的“天梯”。而这条“天梯”的尽头，便是帕米尔高原。

▼ 昆仑山脉全图

▲ 慕士塔格山／摄影 许先强

▼ 公格尔九别峰／摄影 许先强

昆仑山脉在中国最西部的开端极其雄伟壮丽，一出场就是由三座 7000 米级的极高山组成的峰群，分别是海拔 7509 米的慕士塔格山，海拔 7530 米的公格尔九别峰，海拔 7649 米的昆仑山脉最高峰公格尔山。这三座雪峰被称为“昆仑三雄”，它们中间是美丽的喀拉库勒湖。

三座雪峰中最矮的慕士塔格山，因覆盖冰川甚多，被称为“冰山之父”。它的冰雪厚度还在以每年十几厘米的速度增加，在冰雪的重重包裹之下，慕士塔格山山体浑圆，不像其他雪山那样山体尖锐。公格尔九别峰从外形上看像一顶宽大的帽子，它的名字在柯尔克孜语中正是“白色的毡帽”的意思。公格尔山与公格尔九别峰仅相距 15 千米，山体相连，二者之间一条名为克拉牙依拉克的冰川倾泻而下，延伸几十千米，冰雪厚度可达百米。

▼ 图左上为公格尔山，前景为喀拉库勒湖／摄影 仇梦晗

离开了雄奇壮丽的“昆仑三雄”，沿着昆仑山脉向东南方向走去，在几百千米外的和田地区，从山麓流淌出了一条和田河，昆仑山脉在这里为人们提供了一种奇珍异宝——和田玉。从古代起，这里就是中原地区玉石的主要来源地之一。

由于昆仑山脉北坡非常干旱，没有茂密的植被覆盖，加上坡度极陡，岩石裸露，十分有利于玉石矿脉暴露、剥蚀。河谷中经常发生山崩，震动山谷，烟尘弥漫，玉石矿脉也随着山崩从山上掉落河中，又经过河流上万年冲刷，最终形成了玉石仔料，人们便可以在昆仑山脉的河谷中拣取。

▼ 当地驮工用毛驴从昆仑山里向外运输玉石／摄影 尚昌平

▼ 昆仑女神峰周围的冰川群／摄影 温钧浩

过了和田河，不远处便是海拔 6638 米的慕士山，这里又开始群峰竞秀、冰川重重，包括崇测冰川、郭扎冰川、中峰冰川、多峰冰川等。还有著名的古里雅冰帽冰川，它四周开阔，冰川可以毫无阻拦地向四周肆意伸展，平均厚度在 200 米以上。白色的冰雪，就像一顶大帽子一样，结结实实地扣在山上，因此被称为冰帽冰川。古里雅冰帽冰川是目前发现的中低纬度最大的冰帽冰川。

众多的冰川融水，在昆仑山脉的南侧形成了多个湖泊，比较特别的是郭扎错，因为北侧有昆仑山脉的冰川融水注入，形成淡水区，南部则因水源较少成为咸水区，淡水咸水并存一湖，颇为奇特。

从琼木孜塔格峰向东，一直到位于青海省的昆仑山口，便是昆仑山脉的中段。

中昆仑在塔里木盆地与青藏高原之间呈东西向延伸，山势逐渐降低，海拔 5000 ～ 5500 米。

由于深居亚洲内陆，海洋湿润的气流难以到达，这里降水稀少。直到进入青海、新疆、西藏三省区的交界处，以海拔 6860 米的布喀达坂峰为首的又一个雪山冰川群出现了，布喀达坂峰是青海的最高峰，因地处可可西里腹地，山与平地泾渭分明，气势磅礴。

▼ 昆仑山脉中段示意图

▶ 布喀达坂峰南侧冰川／摄影 布琼

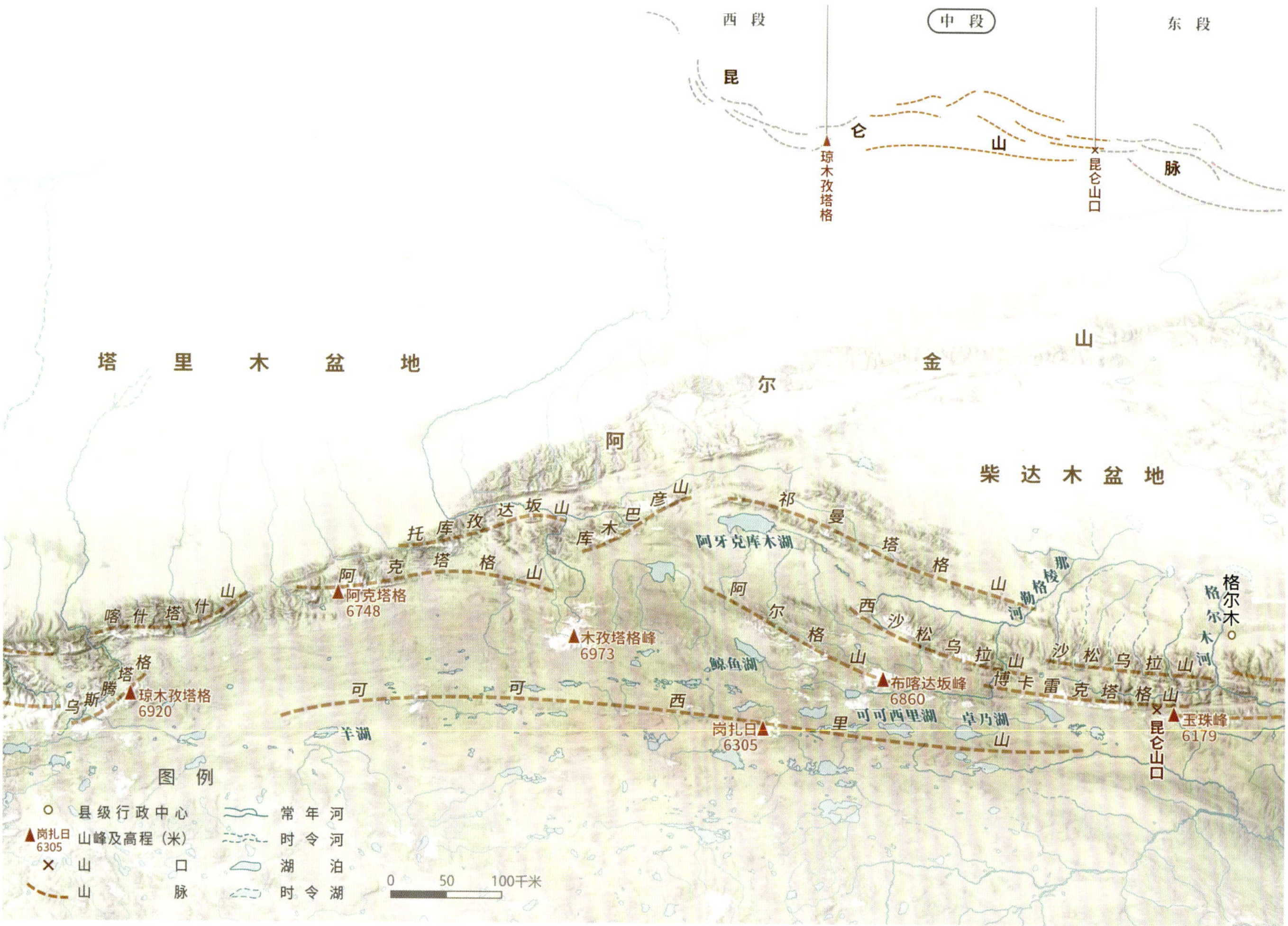

在中昆仑南北两侧，有着大片的荒野。北侧是拥有连绵沙漠的阿尔金无人区，南侧是可可西里和羌塘高原。没有人类能够长久地居住在如此严酷的环境中，大型哺乳动物成了这里的主人。

藏羚羊相互追逐，野牦牛在荒原上进食，藏野驴自由奔跑，狼群四处游荡，熊在远处眺望……在昆仑山脉的保护下，它们很少被人类打扰。

但在 20 世纪 90 年代，开始有人借助现代工具进入昆仑山脉腹地偷猎野生动物。1994 年 1 月 18 日，为了保护藏羚羊，让它们能在太阳湖边安全产羊羔，致力于保护野生动物的“环保卫士”索南达杰与 18 名盗猎分子搏斗，在太阳湖碧蓝的湖湾里流尽了最后一滴血。

如今，随着阿尔金山、羌塘、可可西里三大国家级自然保护区的建立，相信这片属于野生动物的荒野能永远保持其本色。

◀ 羌塘高原的藏羚羊／摄影 卡布

昆仑山脉自西向东海拔一路降低，过了与青藏公路相交的昆仑山口，往东便进入了东昆仑。海拔 6179 米，山形圆润的玉珠峰便进入视线。相较于最西端的“昆仑三雄”，昆仑山脉慢慢从高不可攀的仙境中离去，开始接近凡间。玉珠峰对攀登技术要求不高，如今这里已经成为登山爱好者初次攀登雪山的绝佳选择之一。因为相对高度差不大，这里的山脉更像是起伏平缓的山丘。

东昆仑海拔 4500 ~ 5000 米。受到季风吹来的湿润气流影响，相对中昆仑而言，东昆仑地区的降水更为丰沛。东端的阿尼玛卿山，年降水量一般可达 500 ~ 800 毫米。较为充足的水汽使得东昆仑山上也发育有高山冰川，冰川仿佛是山脉上的美丽披肩。

▼ 昆仑山脉东段示意图

▶ 玉珠峰／摄影 丁亮
冰川如秀发般从玉珠峰披散而下。

冰雪融水、地下水与降水一同汇聚成河流，在东昆仑的南侧孕育了黄河、长江、澜沧江的河源——著名的三江源地区。其中，黄河上游的扎陵湖和鄂陵湖，如两颗硕大的明珠嵌在高原的大地上。充足的水源滋养着山脚下的草原，肥美的牧草吸引了许多高原动物。湖水倒映着雪峰、绿草和牦牛，一派祥和宁静的景象。

▼ 阿尼玛卿山及山顶的冰川／摄影 孙建鑫

阿尼玛卿山山体大致呈西北—东南走向，主峰玛卿岗日高 6282 米，是东昆仑的最高峰。画面中两条从峰顶倾泻而下的冰川，如同两条冰雪滑梯。

这便是中国的万山之祖昆仑山脉。数千年来，无数人曾远眺过昆仑山脉的层层雪峰，却始终难以深入探索其内部。而对那些真正进入昆仑山脉的探索者而言，这条山脉并非辉煌精致的神仙宫殿，而是实实在在的山脉，是一座比一座高、层层叠叠的大山，是巨石成堆、冰河广布、野兽横行的大山。重重困难，给昆仑山脉披上了神秘的面纱。而真正科学地认识昆仑山脉，还要等待新的来客。

三江源国家公园，有什么特别之处？

2021 年，三江源国家公园正式设立。三江源国家公园高居青藏高原之上，平均海拔 4500 米，分为长江源、黄河源、澜沧江源三个园区，总面积达到 19.07 万平方千米，约为青海省面积的 1/4，是目前我国面积最大、海拔最高的国家公园。

江河如同血脉，滋润着大地。华夏文明就在长江、黄河的滋润下孕育而生。在中南半岛入海的湄公河（在中国境内称为澜沧江），更是一江通六国，是串联起中国与东南亚各国的纽带。作为三条大河的源头汇水区，三江源国家公园究竟有什么特别之处呢？

▼ 三江源国家公园范围示意图

数据源自 @ 三江源国家公园

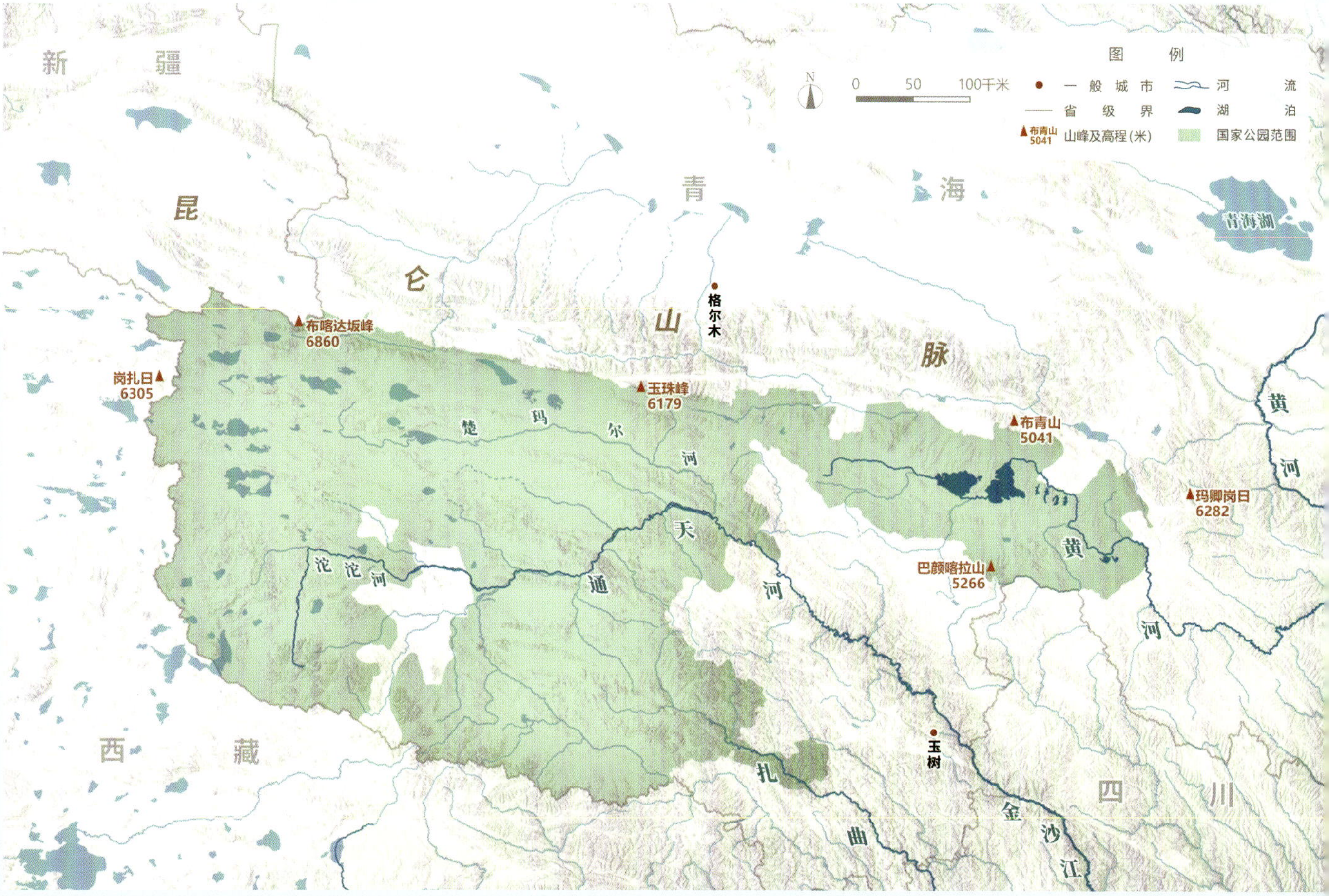

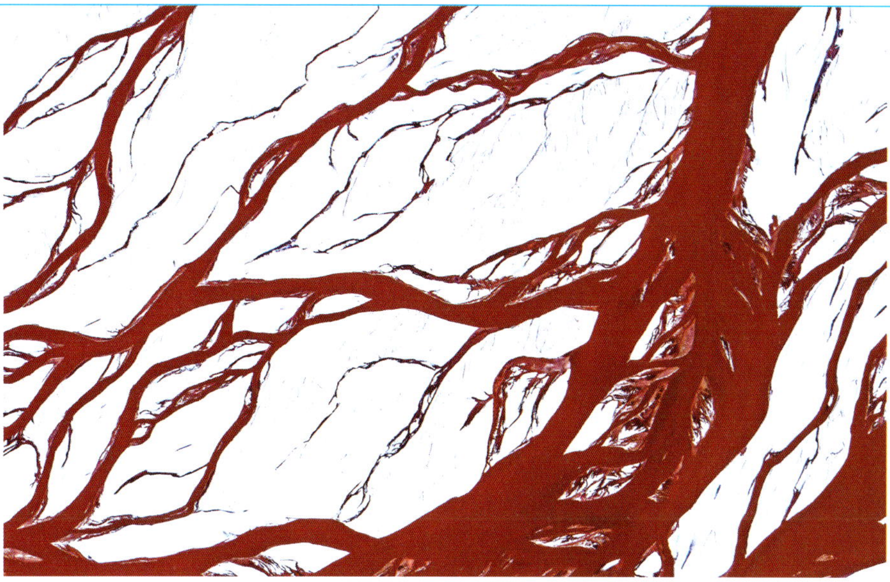

▲ 楚玛尔河／摄影 刘夙培

楚玛尔河是长江源头水系之一，在藏语中意为“红水河”。流经地区的岩层中富含氧化铁等物质，这些物质在河水冲刷下进入河中，因此河水偏红。从空中俯瞰，大雪过后的楚玛尔河如同大地的血管。

“中华水塔”

三江源国家公园所在的青藏高原东部地区降雪丰富。平均海拔 4000 米以上的青藏高原气候寒冷，由于高原地形的阻挡，暖湿气流难以进入青藏高原腹地，却在雅鲁藏布大峡谷以及南北走向的横断山找到了入口，水汽沿着峡谷汹涌北上，在青藏高原东南侧唐古拉山、巴颜喀拉山一带形成了一个降雪中心，年降雪日高达 50 ~ 70 天，许多地方甚至超过 100 天。

丰富的降雪为冰川的形成提供了充足的“原料”。三江源国家公园平均海拔达到 4500 米，高山之上覆盖着终年不化的积雪。随着年复一年的积压，形成了面积广大的冰川。三江源地区共有冰川 715 条，冰川资源蕴藏量达 2000 亿立方米。

冰川或雪山融水随着一股股溪流顺势而下，或汇集成河，或在地表低洼处汇聚形成湖泊。三江源国家公园内湖泊众多，面积大于 1000 平方米的就有 167 个，它们如同镶嵌在大地上的明珠。其中的一处东西长 30 多千米、南北宽 10 多千米的狭长盆地内，更是遍布着数以百计大小不一的湖泊，在阳光的照耀下闪闪发亮，犹如浩瀚无际的星空，这就是著名的星宿海。

由于气温低，蒸发慢，地势平，河流、湖泊、沼泽遍野，三江源国家公园形成了面积广大的湿地。其湿地总面积为 29842.8 平方千米，约为两个北京市大小。大片的湿地发挥

◀位于长江当曲的热融湖／摄影 李朝阳

着“调节器”的作用，在洪水季节可以储存水资源，减少河流的径流量，枯水季节又可以为河流增加径流量。同时，这个“调节器”还有调节气候的功能。

在三江源国家公园内，水以冰川、河流、湖泊等不同的姿态“储存”在这个“中华水塔”之中，造就了三江源地区“水的世界”，为黄河、长江、澜沧江等提供源源不断的水源。长江总水量的 25%、黄河总水量的 49%、澜沧江总水量的 15% 都来自这里。这三条大河至少为我国的 18 个省（自治区、直辖市），5 个周边国家地区，超过 10 亿人提供淡水资源，它如同水塔一样让宝贵的水资源流向千家万户。

生命的乐土

三江源国家公园还有着另外一个魅力——高原生灵的生命乐土。

走进三江源国家公园，如同进入一个高原植物博物馆。这里有草原、草甸等多种植被类型，拥有 700 多种植物种类。高原地区气候条件恶劣，低温、大风等条件均对植物生长造成威胁，因而公园内植物以耐旱耐寒的多年生草本植物为主。垫状点地梅便为其中一种，为了减少水分流失，它们身材矮小，贴地生长，给高原带来了点点生机。有些植物为了吸引昆虫授粉，会在花的颜色上“下功夫”，如各类绿绒蒿，蓝的、紫的、黄的、白的……

▼ 银莲花／摄影 才项南加
一般生长在海拔 3200 ～ 5300 米的草坡或灌丛中。

▼ 全缘叶绿绒蒿／摄影 李朝阳
一般生长在海拔 2700 ～ 5100 米的草坡或林下。

▶ 雪豹／摄影 奚志农 | 野性中国

五彩缤纷。夏季是三江源国家公园最美的季节，大地不再荒芜，不同种类的植物仿佛在一夜之间绽放，为大地披上了缤纷的色彩。

三江源国家公园还是野生动物的天堂，园内共有野生动物约 125 种。其中，雪豹是这里的“明星”。三江源国家公园是世界雪豹分布的密集区，因此也有“雪豹之乡”之称。园内珍稀物种不只有雪豹，藏羚羊、藏狐、藏原羚、藏野驴、白唇鹿、野牦牛等也常在这里出没。园区内广阔的湿地也给鸟类提供了良好的生存环境。黑颈鹤、斑头雁、赤麻鸭等多种候鸟在繁殖季节会飞到这里筑巢、产卵。大鵟（kuáng）、草原雕、兀鹫等大中型猛禽则时常在空中盘旋觅食。各种竞相绽放的植物、享受荒野的动物，都在这片园区散发出独特的野性之美。

三江源国家公园的“保护伞们”

然而，近几十年来受气候变化以及人类活动的影响，三江源地区的生态环境在一定程度上受到了破坏。冰川消融、湖泊湿地减少、草原退化、生物多样性受到严重威胁，都让三江源地区的保护工作亮起了红灯，保护三江源迫在眉睫。人们一直持续努力，为三江源地区撑起了一个个“保护伞”。

为了保护环境，三江源地区开启了一系列生态移民工程。2005 年我国规划确定生态移民任务 1 万余户，约 5.6 万人，到 2012 年移民工作全部完成。生态移民不仅给牧民的生活带来了翻天覆地的变化，同时也让三江源的生态保护工作得以顺利推进。曾有一位牧民感慨道：“如今时常能看见成群的藏野驴和白唇鹿在草原上奔跑，禁牧前很少见到。”

部分曾经生活在保护区内的牧民，还拥有了一个新的身份——生态管护员。他们在学习辨识珍稀野生动物、使用红外相机等技能培训后，走上工作岗位，在其所负责的区域巡护，制止破坏生态的行为，统计野生动植物种群状况，守护着这片家园。

2017 年 2 月，三江源生态法庭正式挂牌成立，主要审理各种涉及生态环境资源的案件。法庭工作人员发挥“马背法庭”的精神，常身背国徽，把环境资源保护方面的司法服务送到牧民家门口。同时，他们还举办多种形式的普法宣传活动，提高牧民和护林员、护草员资源环境保护法律意识，遏制破坏三江源生态环境行为。

▲ 两只藏狐正在嬉戏玩耍／摄影 鲍永清

▼ 年保玉则峰下的牦牛／摄影 高承

年保玉则峰属于巴颜喀拉山，是三江源地区内的主要山峰之一。

科学昆仑

第4幕

19 世纪末，来自西方的探险家和学者进入中国进行探访、调查。高大绵长的昆仑山脉自然也成了他们的目标。俄国人、瑞典人、意大利人、荷兰人……无数外国探险家和学者进入昆仑山脉，他们测绘山脉的高度，考察高山上的湖泊和河流，采集生活在昆仑山脉上的动植物标本。他们的实地调查标志着昆仑山脉现代科学考察的开始。

新中国成立以后，中国人对昆仑山脉展开了系统的科学考察，逐渐揭开了它的神秘面纱。藏羚羊、野牦牛、藏野驴、棕熊、旱獭、盘羊、雪豹、藏雪鸡、猎隼（sǔn）、金雕等高寒地区的飞禽走兽，以及蒿草、苔草、雪岭云杉、昆仑圆柏等草木，逐渐以它们原本的样子而非神怪的面貌展现在人们的面前。

▼ 慕士塔格峰下的牦牛／摄影 许先强

▶ 慕士塔格冰川下，耐干旱的蒿草、苔草等构成荒漠草甸／摄影 许先强

正是通过一次次的实地考察，结合最新的科学技术，我们才终于得以窥见昆仑山脉的真实面貌，这里没有神话，只有无边的荒野。

时光回到 5 亿年前，昆仑山脉所在的地方曾是一片大洋，来源不一的大陆板块在这一区域相互碰撞、推高，先后形成昆仑山脉的不同区段。但那时的昆仑山脉还不像现在这般高大，它还需要一股更大的力量将它推高。

到了距今约 6500 万年前，印度洋板块向北漂移，以巨大的力量推挤亚欧板块。随后，受到猛烈推挤的地壳剧烈地隆起、变形，“挤”出了高耸的青藏高原。位于青藏高原北缘的昆仑山脉，在距今 400 万年前迅速地“长高”，最终形成了我们今天看到的直插云霄的山峦。

昆仑山脉壮阔的群峰拦截了一部分来自西边、南边的水汽，它们在高大的昆仑山上略有抬升进而形成降雪。由于昆仑山海拔高气温低，降雪难以融化，逐渐累积形成冰川。而在整个昆仑山上，发育有约 8922 条冰川，面积超过 11000 平方千米，约占全国冰川面积的 22%。

▼ 西昆仑冰川群／摄影 温钧浩

▶ 西昆仑及喀喇昆仑地区冰川分布图

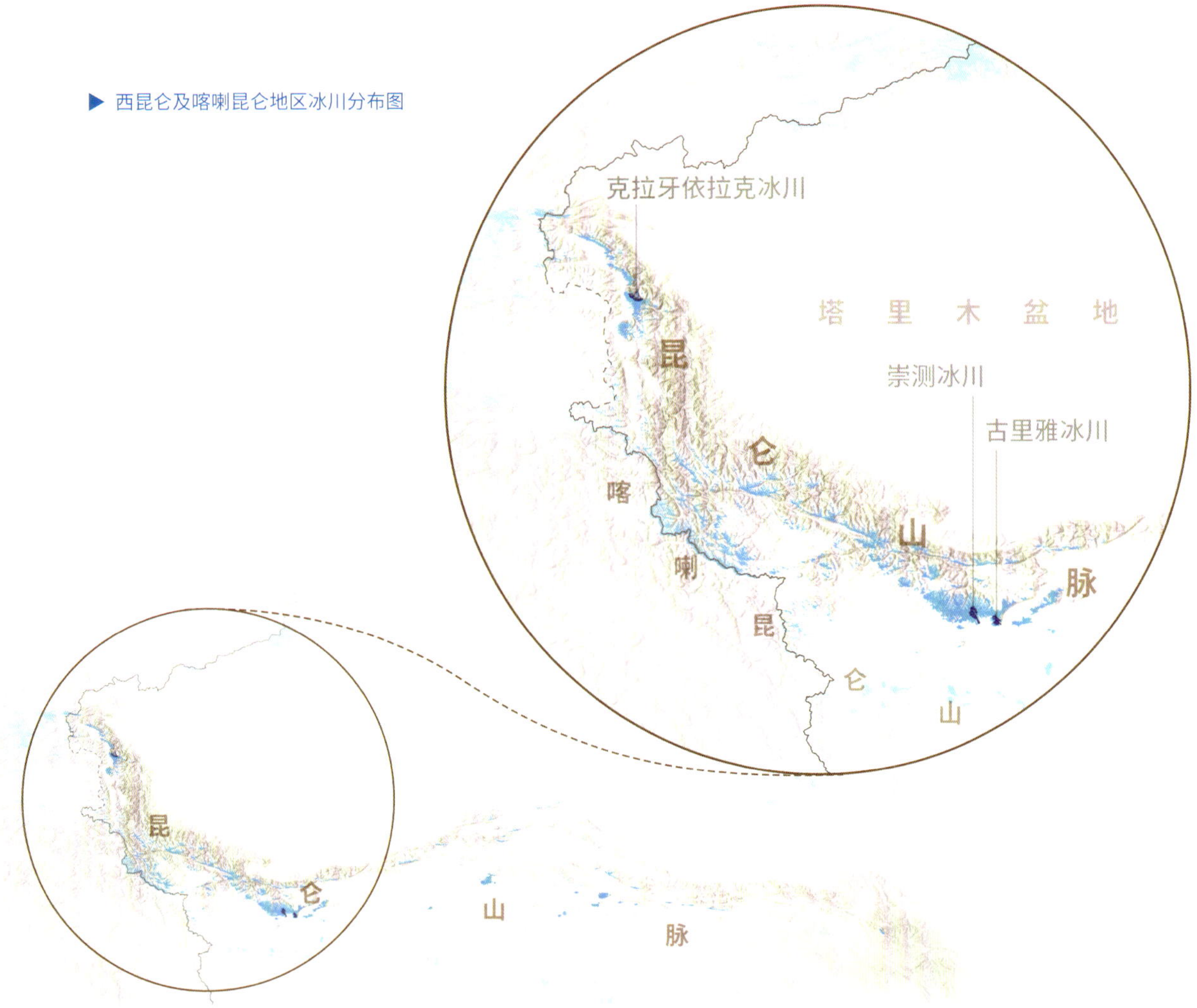

◀ （上）龙木错／图片来源 星图地球今日影像

龙木错位于西藏阿里地区日土县，如一块葫芦状的蓝宝石横卧在大地上。

◀ （下左）巴颜喀拉山与年保玉则峰红土垭口处流淌的河流／摄影 孙建鑫

◀ （下右）喀拉喀什河／摄影 赵来清

喀拉喀什河是和田河重要的支流之一，自古以来这里产出珍贵的和田玉，是名副其实的“藏宝之河”。

大面积的冰川成为中国西部体量巨大的固体水库，大量冰川融水从群峰中争相涌出，形成的湍急河流冲刷岩石，切割山体，留下一道道峡谷。在山间的盆地、谷底中，昆仑冰雪融水汇聚成众多湖泊。喀拉库勒湖、白沙湖、龙木错，在昆仑群山之间如宝石般闪耀。

叶尔羌河、喀拉喀什河、盖孜河、玉龙喀什河、克里雅河，像几条玉龙流入塔里木盆地，滋润了沙漠中的绿洲。莎车、叶城、和田、于田、民丰……塔克拉玛干沙漠南缘的一座座城市，都是在昆仑山冰雪融水的浇灌下得以存在。可以说，昆仑山脉上的冰川是沙漠绿洲的生命之源。

昆仑山脉上的冰川，还拥有极高的科学研究价值。从冰川形成的过程可以知道，降雪在高海拔或高纬度地区由于气温低不易融化，经过不断积压逐渐形成冰川。降雪就这样年复一年，层层累积。从冰川底部越往上，其形成的年代也就越近。科学家将从冰川挖取下来的圆柱状冰体称为冰芯，这根“冰棍”如同一本厚厚的地球日记，记载着几万年甚至几百万年间地球上的气候和环境变化。

▲慕士塔格山的冰川，远处为公格尔九别峰／摄影 丁亮

冰芯：大自然留下的无字天书

冰芯如同一本无字的自然“编年史”，将过去地球上发生过的许多变化都详细地记载在它的“书页”上。这本“书”，对人们科学认识地球，认识环境变化起着重要作用。它是如何做到的呢？

首先是冰本身。冰就是固态的水，水是由氢元素和氧元素组成的。冰川中氧同位素比例的变化，和地球大气温度的变化相关，因而通过检测冰川中不同段位氧同位素的比例，就能反推地质历史上地球大气的温度变化。同时，不同时期形成的冰川厚度，还可以直观地反映出当时降水量的多少。

其次是冰芯中含有的尘埃等物质。形成冰川的降雪在降落到地面的过程中，会将当时大气中的尘埃等物质结合在雪花中。这些物质随着积雪压实成冰，形成冰川，就被长久地封印在冰川之中。通过分析所含物质的成分，可以提取当时的气候环境变化信息。如研究冰芯中不同时期火山灰等物质的含量，可以推断出各个时期火山活动的剧烈程度。

最后是冰芯气泡中的气体成分和含量。由于雪粒间有许多小小的缝隙，在雪不断挤压形成冰的时候，这些缝隙中的气体也随之封存在内，而这些气体代表了冰形成时大气的状况，研究这些气体的成分和含量可以揭示大气成分的演化历史，进而分析不同时期大气变化规律和人类活动对气候环境的影响。如冰芯中二氧化碳、甲烷等温室气体含量的变化，一定程度上反映了人类活动的强度。

▼钻取冰芯

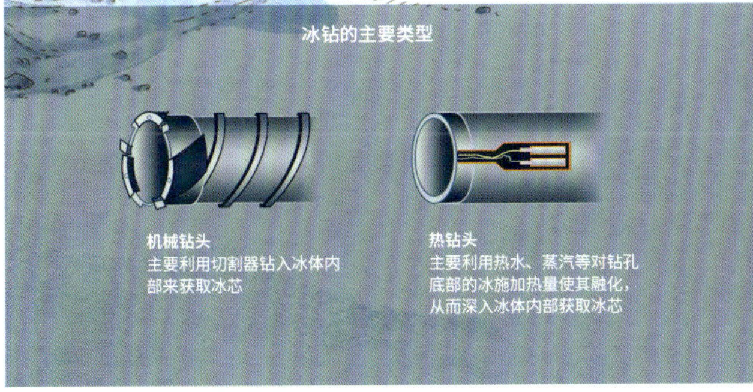

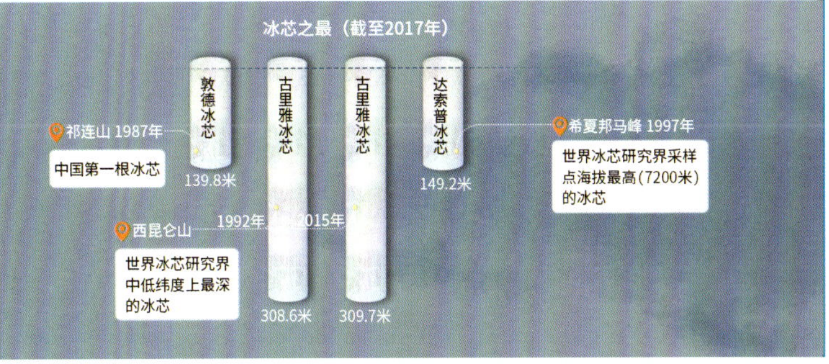

位于西昆仑山脉的古里雅冰川，面积广阔，厚度大，同时其所处环境温度也很低，这让它非常稳定，不会轻易融化，在冰层中保存了非常古老的大气成分记录。20 世纪 90 年代至今，科学家们就曾在古里雅冰川上多次钻取冰芯并对其开展研究。经过研究发现，它们的年龄可以追溯至数万年甚至数十万年前。换句话说，这些冰芯也记录了数万年乃至数十万年的地球气候变化密码。

通过研究昆仑山脉，我们得以了解青藏高原的形成、全球气候的演变、生命的演化乃至文明的起源。这些新的认知，是过去的人们仅凭想象永远无法获得的。

不过，我们目前对昆仑山脉的了解还只是冰山一角。高山、冰川、荒原、野兽……让人们望而却步，使这里长期保持神秘。艰苦的环境，使得这里即便在今天仍是中国人口最为稀少的地区之一。公路、铁路等现代交通设施，很长时间内也只能“望山兴叹”。如今，翻越东昆仑的青藏铁路、青藏公路，以及翻越西昆仑的新藏公路，依旧是人类在这条超级山脉上留下的极少数微不足道的印迹。昆仑山脉还有大片的空白区域等待着我们去探索。

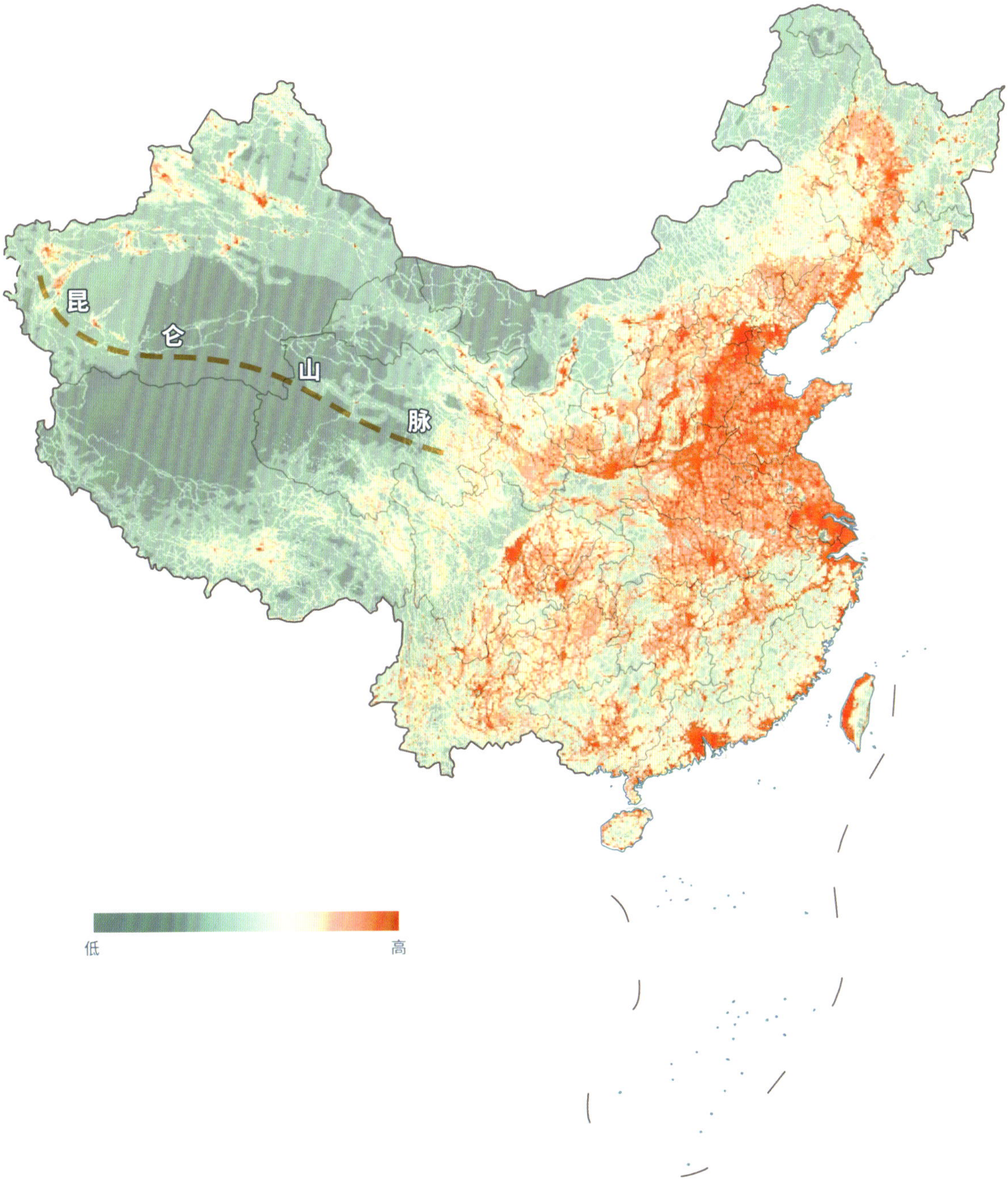

▲ 中国人类足迹指数图

人类足迹指数通过城市建设、土地利用、道路分布、夜晚灯光等多个指标衡量人类对环境的影响，颜色越红表明影响越大。

尾声 第5幕

现在我们已经清楚地知道，昆仑山脉上没有西王母，没有瑶池，更没有千奇百怪的神秘怪物。除去远古的神话色彩，昆仑山是一条极长、极高的山脉。它是地球力量的创造，没有这种力量，就没有这座超级山脉，也就没有荒野，没有河源。5000 年来，古人以神话歌颂昆仑山，现在让我们用科学的目光注视它，这座超级山脉值得我们再敬仰 5000 年，甚至更久。

▲ 青藏铁路和远处的玉珠峰／摄影 李珩

七条山脉东西并列
六条大江奔腾咆哮

这里阻隔东西
庇佑众多生灵
这里沟通南北
汇聚多个民族

这就是横断山脉
一部由七脉六江共同演绎的
大地史诗

3 横断山脉

七脉六江的传奇

▼ 横断山脉地形图

横断山脉位于中国的西南部，是中国第一级阶梯和第二级阶梯的交接处。这里集合了七条南北走向的山脉，形成“横断七脉”。怒江、澜沧江、金沙江、雅砻江、大渡河、岷江，六条大江流淌在七条山脉之间，构成“横断六江”。关于横断山的范围，目前学界说法不一，本书主要以李炳元《横断山脉范围探讨》为划分依据。

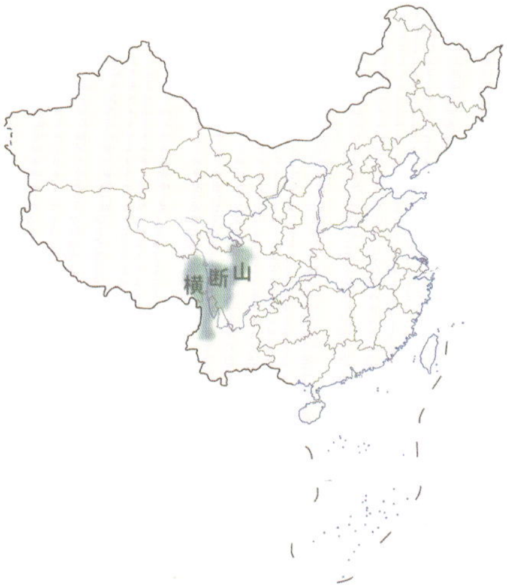

横断七脉

第1幕

这股力量的来源，还得从 6500 万年前那场大碰撞说起。当时的地球，正处于地壳运动极其活跃的时期，印度洋板块从西南而来，飞速地撞向亚欧板块，青藏高原由此开始隆起。

由于南北两侧的巨大压力，青藏高原像皮球一样被挤压，同时地壳物质在高原东西两侧被挤出。然而，当这股力量传递到东侧，却碰上了坚硬的扬子板块。地面被挤压隆起，产生了大量褶皱与断层。于是，原本平整的大地上显现出一系列并排的高山与峡谷，这就是横断山脉！

一般来说，山脉是一条一条的，但横断山脉是由七列南北走向平行排列的巨型山脉组成的。它们在东西宽约 700 千米的范围里紧密排列，气势恢宏，合称“横断七脉”，自西向东分别是：伯舒拉岭—高黎贡山、他念他翁山—怒山、芒康山—云岭、沙鲁里山、大雪山、邛（qióng）崃（lái）山和岷山。

▼ 沙鲁里山／摄影 姜曦
沙鲁里山是横断七脉中最宽大的一脉，重重山岭像一支密不透风的雪山大军直击眼球。

第 *1* 阶段

冰川作用前

山势较缓和，河谷呈“V”形

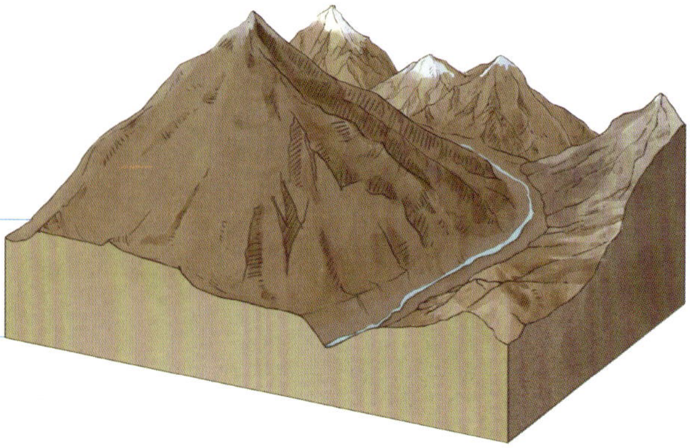

第 *2* 阶段

冰川作用中

冰雪覆盖山体，流动的冰川对山体进行侵蚀

第 *3* 阶段

冰川作用后

冰川消融，将山体剥蚀出不同形状，河谷被剥蚀成“U”形

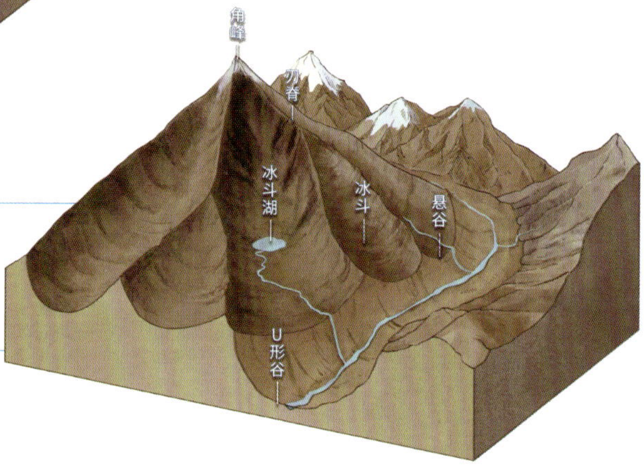

▲ 冰川侵蚀作用示意图

大地碰撞挤压出横断七脉的轮廓。接下来，则是对一座座山峰的雕刻。这就要轮到高山的雕刻师“冰川”出手了。

横断山脉的高山之上，气候寒冷湿润，巨大的冰川在这里发育。这里的冰川数量超过了 1900 条，它们宛若一道道冰雪天梯，在横断山脉中架起一处处绝妙的景色。贡嘎山东坡的海螺沟大冰瀑，拥有 1080 米的巨大落差，如同一条银龙从贡嘎山上倾泻而下。除此之外，还有巍峨壮丽的雀儿山冰川、运动速度极快的明永冰川等。

▶ 明永冰川／摄影 陈炜

明永冰川从卡瓦格博峰顶倾泻而下，冰舌末端直抵森林，形成一道冰雪滑梯。

众多的冰川，以自身巨大的重量和冰体中携带的沙石持续刮削山体。原先“V”形的山谷在冰川的不断剥蚀下，底部变得宽阔而呈现“U”形，山体也由此变得越发尖削峥嵘。就在这日积月累的雕琢中，一系列赫赫有名的山峰——贡嘎山、四姑娘山、梅里雪山、玉龙雪山等，逐一显现。它们浮于云海，与蓝天比高，与青松共舞，与秋叶同欢，与白雪话冬，成为横断山间最壮丽的景色。板块的运动，创造了横断山脉；冰川的侵蚀，雕刻了横断山脉；融水汇聚的高山湖泊，点缀了横断山脉。大自然的这些力量，让横断山脉成为无可比拟的绝美圣境。群山的雕刻仍在继续，接下来，自然之力将会塑造这个舞台上的另一个重要角色。

▼ 倒映于八角棚海子中的幺妹峰／摄影 杨苏铁

横断山脉中的明珠：泸沽湖

在横断山脉之中，有一个清澈透明的湖泊，宛如一颗闪亮的明珠镶嵌在群山之间，它就是泸沽湖。泸沽湖的名字来自摩梭语，其中“泸”是“山沟”的意思，“沽”是“里”的意思，“泸沽湖”就是“山沟里的湖泊”。在地质历史上，由于地壳挤压错动，出现断层，这里的地壳陷落，四周的水流向地势的洼处汇聚，形成了一个面积约 50 平方千米、最大深度接近 100 米的湖泊。

泸沽湖十分清澈，透明度可达十余米。这是因为泸沽湖周围群山环抱，相对封闭，没有大河注入，且山上植被茂盛，因此水流带来的泥沙很少；同时泸沽湖出水口小，径流量小，水体流动缓慢，有利于泥沙沉淀。泛舟泸沽湖上，人们可以清晰地看到湖中的水草自由漂荡，鱼儿自在嬉戏。

在风景优美的泸沽湖畔，居住着一个族群，他们至今还维持着母系社会的一些习俗。这个神秘的群体就是摩梭人。摩梭人仍保持着母系社会的生活形态，家庭成员都是女方的

▼ 泸沽湖／摄影 吴忠

兄弟、姐妹或孩子。其中，家中最能干、最有威望的女性担当一家之主，掌管家中的大小事务，而舅舅则主要担任劳动和教育孩子的角色。

在这种母系社会中，一切以各自的母系家庭为重，因此摩梭人维持着一种独特的婚姻制度——走婚制。这种婚姻的特征是“男不娶，女不嫁”，双方都不需要离开自己的母系家庭。摩梭青年男女若是双方情投意合，便可相互确立为走婚关系，男方夜间到女方家留宿，清晨便离开，双方各自回归自己的母系家庭，孩子交由女方家庭教育。在走婚制里，感情就是这段婚姻里唯一的纽带，一切都以男女双方的自愿为前提。如今随着社会的发展与改革，摩梭人除了走婚外，也实行一夫一妻的婚姻制度。

山高水清，云白树繁，泸沽湖的景色永远那么迷人。摩梭人传统的猪槽船、木罗房，以及泸沽湖岛屿上的点点遗迹，又为泸沽湖增添了诸多人文景色。泸沽湖，是横断山脉中当之无愧的一颗明珠。

◀ 泸沽湖畔的摩梭人在跳甲蹉（cuō）舞／摄影 刘珠明

横断山脉中的王者：贡嘎山

在横断山脉密集的峰群之中，景色绝美的大山数不胜数。但有一座山峰在一众“明星”之中脱颖而出，成为王者，它就是整个横断山脉的最高峰——海拔7508.9米的贡嘎山。极高的海拔，让贡嘎山拥有了非同一般的极致美景。

冰雪天梯

贡嘎山以近乎完美的金字塔外形屹立于横断山脉的东部，是横断七脉中大雪山一脉的主峰。在夏季，东亚季风一路穿过中国腹地，奔袭千里；南亚季风则突破重重山峦，气势汹汹。它们带来大量水汽，在贡嘎山周围凝结成翻滚的云海。

虽然夏季温度比冬季更高，但因为季风带来的充足的水汽，再加上足够高的海拔，所以贡嘎山的降雪十分充沛。这些积雪不断压实，形成冰川。与严寒干旱地区的“大陆型冰川”不同，贡嘎冰川形成于相对温暖、降水充沛的环境，被称为“海洋型冰川”。如今，贡嘎区域拥有冰川74条，冰储量24.73立方千米，按照体积计算，相当于三峡水库总库容量的63%。

▼ 贡嘎山／摄影 范瑞

如此巨大体量的冰川，从最高海拔 7508.9 米处，直奔最低海拔 2979.4 米处，中间相差 4500 多米，如同一道道接天连地的“冰雪天梯”。海拔高处白雪皑皑，一片纯净。冰川沿着山谷，蜿蜒下泻。遇到陡峭的坡谷，还会形成冰瀑布。贡嘎山东坡的海螺沟大冰瀑布是中国已知最大的冰瀑布，落差高达 1080 米，气势磅礴。

一边冰川向下奔流，一边新的冰川还在大量产生。雪从天空降下、从山体滑落，聚集在山间洼地，形成巨大的粒雪盆，这里正是冰川的补给站。充足的补给，使得贡嘎冰川的流动速度最大可达 205 米/年，快速流动的冰川具有强大的侵蚀能力，足以使岩体破碎解体。

▲ 海螺沟冰川分布示意图／影像来源 星图地球今日影像

冰川裹挟着碎石一同顺势向下，色彩也愈发“接地气”，“仙界”的白色逐渐减少，杂乱的土色越来越多。在贡嘎山西坡小贡巴冰川的末端，冰川表面完全被土石掩盖。东坡海螺沟冰川的末端，更是伸入绿色的“人间”，这里是一片由峨眉冷杉组成的亚高山针叶林带，东坡海螺沟在这里延伸长达 6 米。冰川与森林共存，形成了少有的冰川森林。

当冰雪天梯搭建完毕，贡嘎山还要为我们建造一座垂直花园。

垂直花园

强大的冰川运动，在贡嘎山切割出深深的沟谷。沟谷中，冰川融水汇聚成河，其中大部分都汇入贡嘎山东侧的大渡河。大渡河与主峰相距 29 千米，但海拔仅 1100 米，两者高差超过了 6000 米。这让贡嘎山拥有了非常典型的垂直自然带，正所谓“一山有四季，十里不同天”。山谷中气候暖湿，森林茂密，生长在热带、亚热带的棕榈树也甚为常见。而山顶则是一片茫茫雪原。丰富的垂直自然带，使得贡嘎山拥有维管植物超过 2500 种，纷繁葱郁、百花争艳，有如“垂直花园”。

这其中包含了大量远古物种，例如木兰属植物。贡嘎山不但将木兰保留至今，还诞生了贡嘎山特有种康定木兰，其花朵硕大，单个直径可达 20 厘米。其中一株树龄达 400 多年，树高数十米，胸径近 2 米，被人称为康定木兰王，当花期到来时，在皑皑雪山的映衬下，康定木兰王灿若云霞。

贡嘎山多样的自然环境为植物的分化创造了极佳的条件，贡嘎山区成为当今世界植物多样性较为丰富的地区之一。仅杜鹃花属就多达 68 种，如紫色的雪层杜鹃、淡红或白色的亮叶杜鹃、附生在其他树种上的树生杜鹃……贡嘎山许多科的植物物种数在全国占比非常高，蓼（liǎo）科全国有约 120 种，贡嘎山有 22 种，占比约 17%；紫堇（jǐn）全国有约 200 种，贡嘎山有 32 种，占比约 16%；报春花全国有约 300 种，贡嘎山有超过 30 种，占比 10% 以上；凤毛菊属占比也在 10% 以上，雪莲以及它的近亲雪兔子都是该属的成员。

▶（上）水母雪兔子／摄影 邹滔

▶（中）康定木兰王／摄影 邹滔

▶（下）海螺沟的棕榈树／摄影 周华明

◀雅家埂红石滩／摄影 姜曦

贡嘎山中最为特别的植物，则是一种藻类——约利橘色藻，它们附着在岩石上，将岩石染成红色。约利橘色藻尤其偏爱没有被其他生命“污染”的“赤裸”岩石，而贡嘎冰川从“仙界”裹挟下来的碎石，恰好满足这一条件。“新鲜”的石头一出现，藻类就会蜂拥而上，染红沟谷，染红溪流两岸。

繁盛的垂直花园，又为动物的生长创造了条件。贡嘎山的珍稀动物非常多，包括雪豹、狼、赤狐、貉、豹猫、水鹿……各种各样的生物汇聚于此，让贡嘎山成为生命的殿堂。

冰雪天梯、垂直花园、生命殿堂，这就是贡嘎山。如今，贡嘎山成为中国最具魅力的山峰之一，世界各地的游客慕名来到这里，目睹这座横跨仙界人间的王者。

第2幕 横断六江

每年夏天，从太平洋上吹来的东亚季风，与从印度洋上吹来的南亚季风，都会为横断山脉地区带来丰沛的降水。高山之上，云雾蒸腾，水汽化为雨水，降落在大地之上。创造横断山脉迷人风景的第二个重要角色——水，就此登场。

在横断山脉的北部，有一片海拔 3500 米左右的高原。由于气候冷湿，地势又相对平坦、低洼，排水不畅，这片高原形成了面积广大的若尔盖湿地，是重要的水源涵养地。在云南迪庆的香格里拉，流水中溶解的大量钙质在这里不断沉淀，在地表上产生一片片以碳酸钙为主要成分的矿物，形成钙华。钙华层层堆叠，仿佛天然梯田，创造了举世闻名的白水台景观。而在黄龙和九寨沟，钙华景观分布于数条沟谷，再加上微生物的作用，以及周围植物的点缀，色彩在水中铺满，宛如层层叠叠的调色盘。

湿地、沟谷、湖泊及潺潺流水在横断山脉创造了一处处无与伦比的景观。当然，这并不是全部，滚滚波涛沿着横断七脉之间的谷地流淌，创造了更为壮阔的景色：从西到东，怒江、澜沧江、金沙江、雅砻江、大渡河、岷江，六条大江各自在横断山七条山脉之间畅流，构成了壮阔的并流景观。

在这六条大江中，最西边的是怒江。它穿行在伯舒拉岭—高黎贡山与他念他翁山—怒山之间。其中，有一段长约 300 千米的河道，被两侧海拔 4000 多米的高山挟持，谷底与山脊的平均高差达到 2000 多米——这就是怒江大峡谷。峡谷内河床最窄处仅几十米。在如此狭小的环境中，它似乎想挣脱大山的束缚，汹涌的江水怒吼咆哮而过，声震山谷。

▼ 若尔盖湿地／摄影 姜曦

若尔盖湿地位于青藏高原的东缘，这里平坦开阔，沼泽遍地，水草丰茂。河流蜿蜒曲折，随意摆荡，是长江、黄河重要的水源涵养地。

而论高差，与怒江仅一山之隔的澜沧江，有过之而无不及。澜沧江大峡谷，山巅与谷底的最大高差超过了 4700 米。要知道，世界第一高楼哈利法塔不过 828 米，如此大的高差接近 6 个哈利法塔的高度。山高谷深，再加上谷底江水湍急，此情此景让人不禁头晕目眩，仿佛随时都会有跌落谷底的危险。

在高山峡谷中穿行的怒江和澜沧江，让我们见识了水的强大势能。然而，即便它们有开山劈石的能量，却也不得不服从于山势。横断山脉南北走向的山势，迫使河流只能沿着山体向南流淌，最终流出国境。流入缅甸的怒江成为当地的重要河流，而澜沧江则发展为东南亚的母亲河——湄公河。六条大江之中的另外四江，又将何去何从？金沙江给出了另外一个答案。

▼ 怒江大峡谷／摄影 刘瑞

▼ 澜沧江／摄影 李晓棠

▲ 大渡河泸定段／摄影 曹铁

下方 318 国道川藏线沿河而行，对岸山上的乡村公路蜿蜒曲折，形成了一只神奇的“巨手”。

金沙江进入横断山脉后，同样被高山挟持。它与怒江、澜沧江平行南流，最窄处三江夹两山宽度仅约 70 千米，这便是著名的三江并流。然而，桀骜不驯的金沙江并没有顺从横断山脉的束缚。金沙江将云南丽江石鼓镇的一处山体切穿，掉头北上，形成一个“U”形的奇特转弯，这就是大名鼎鼎的长江第一湾[1]。此后的金沙江，摆脱了横断山脉的约束，声势更加浩荡，沿途还接纳了横断六江的另外三条大江——雅砻江、岷江和大渡河，最终奔腾向东，成为我国第一大河——长江。

---

1 长江第一湾的形成原因及形成时间尚未有定论，本文采取的是“河流袭夺说”理论。

有意思专栏

母亲河长江，你了解她吗？

全长 6300 千米的长江，是中国第一大河，是世界第三长河，流域面积 178.3 万平方千米，覆盖了中国约 1/5 土地，径流量占据了全国的 1/3，滋养着近 5 亿人口，是中华儿女当之无愧的母亲河！这条长长的母亲河，你了解她吗？

长江流经了哪些地方？

从“世界屋脊”的冰川雪山中走来的沱沱河、楚玛尔河和当曲，分别为长江的正源、北源和南源。这三个河源汇合后，一路南下，奔腾于横断山区的高山峡谷之间，随后穿过云贵高原，进入四川盆地，流至重庆市奉节县的白帝城下时，江流紧束，于奔腾咆哮中形成了长江三峡。

▼ 长江流域地形图

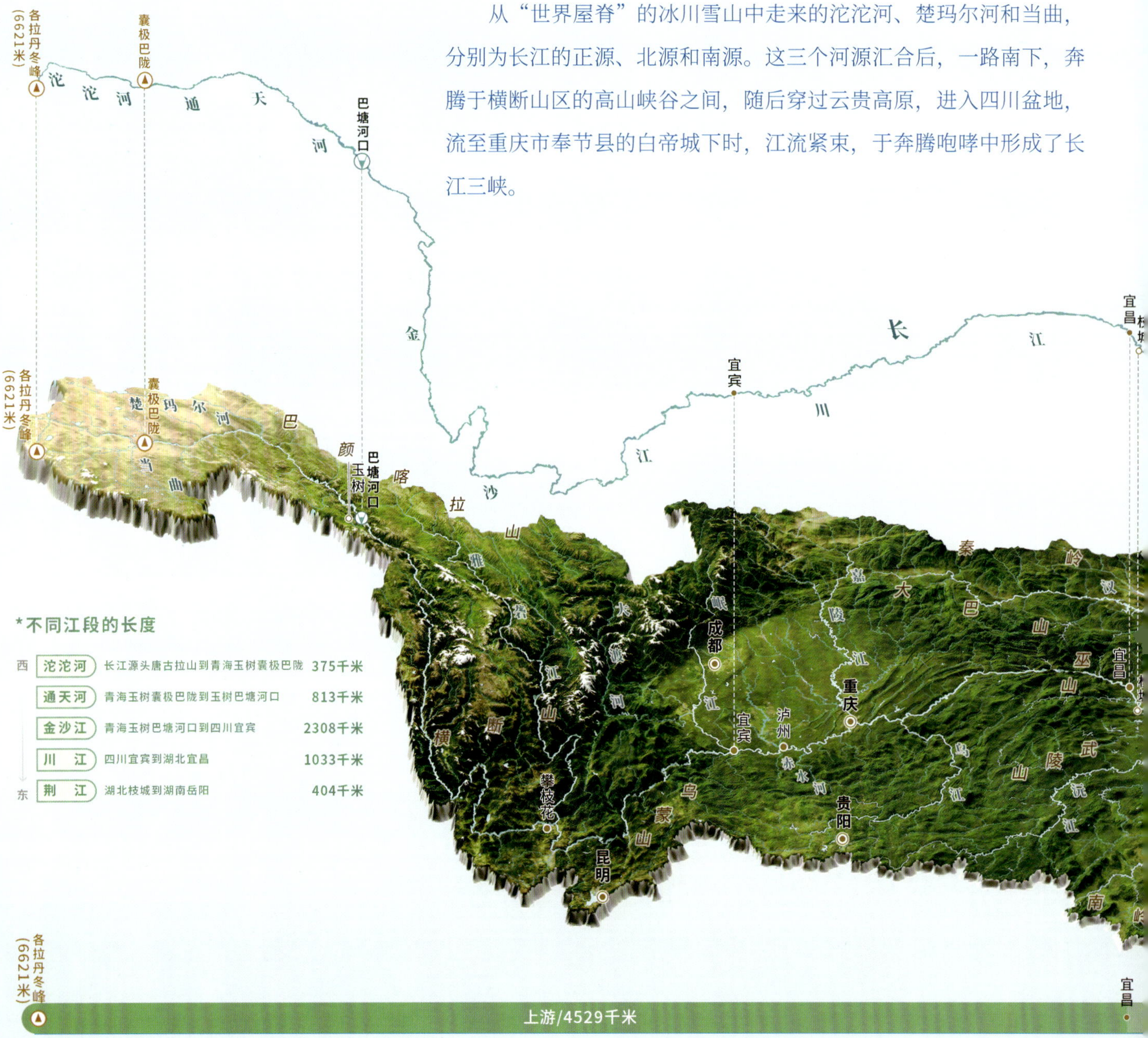

*不同江段的长度

西→东	江段	起止	长度
西	沱沱河	长江源头唐古拉山到青海玉树囊极巴陇	375千米
	通天河	青海玉树囊极巴陇到玉树巴塘河口	813千米
	金沙江	青海玉树巴塘河口到四川宜宾	2308千米
	川　江	四川宜宾到湖北宜昌	1033千米
东	荆　江	湖北枝城到湖南岳阳	404千米

长江出三峡，在湖北宜昌结束了上游的旅途，便进入了中游。蜿蜒的河道在荆楚大地上画下九曲十八弯，从中国第二大淡水湖洞庭湖畔转向东北，在江城武汉与长江最长的一条支流——汉江相汇。之后转而南下九江，在中国第一大淡水湖鄱阳湖湖口结束了中游的旅程。

长江的下游地势平坦开阔，土地肥沃，她静静流过沃野和丘陵，在十朝都会南京城下向东海奔去，穷尽全部的力量塑造出一个繁华的大上海。最后，与浩瀚无垠的大海融为一体，走完了下游的路程。

长江干流的不同江段，都叫什么名字？

长长的长江，在干流不同的江段，也被人们冠上不同的名字加以区分。你知道长江干流的不同江段，都有哪些名字吗？

长江源头唐古拉山到青海玉树囊极巴陇这段被称为沱沱河，是蒙古语音译“托克托乃乌兰木伦”的简称，在蒙古语中是“滔滔的红河”的意思。

青海玉树囊极巴陇到玉树巴塘河口这段则被称为通天河，因流经海拔极高的青藏高原、犹如通向天空而得名。

青海玉树巴塘河口到四川宜宾这段又被称为金沙江，因古籍记载这里的江水盛产沙金。

从四川宜宾到湖北宜昌的川江、从湖北枝城到湖南岳阳的荆江都来自地名——川江主要流经四川，荆江流经荆楚大地而得名。

如此多的名称，反映了长江沿岸丰富的历史与文化。而翻过高山、穿过峡谷、冲出高原、流向平原的长江，就如一条纽带，将生活在它周围的不同文化的人们，牢牢连接在一起。

第3幕 生灵秘境

横断山区南北走向的高大山脉间隔着滔滔江河，阻碍了相互之间的交流。闭塞的交通状况让这里保留了相对原始的生态环境。与此同时，极高的海拔，让横断山脉形成了极为丰富的垂直自然带：在不同的海拔高度生长着适应不同环境的植被。

海拔 4000 ～ 5000 米属于高山区域，生长着高寒草甸和灌丛。海拔 3000 ～ 4000 米处，针叶林开始占据主导，从高到低依次分布着冷杉林、云杉林、松林，组成一层层绿色的林海。适应寒冷气候的杜鹃，在海拔 2600 ～ 4500 米处均有分布，每年 5—6 月，漫山遍野的杜鹃花开，仿佛为山峰披上盛装。继续下降，在海拔 2000 ～ 3000 米处，常绿针叶林和针阔叶混交林，装点出更加多样的色彩。而在海拔 2000 米以下，就进入了干热河谷地带。由于焚风效应，河谷地带反而更加干旱炎热，甚至形成了小范围的荒漠，生长在这里的是一些耐旱的灌木和草丛。

▼ 白马雪山／摄影 姚璐

山底绿树葱葱，山顶白雪皑皑，拥有典型的山地垂直自然带。

▲ 粉钟杜鹃／摄影 彭建生

▲ 宽口杓兰／摄影 彭建生

横断山区更是杜鹃、龙胆、报春花、玉兰、百合、兰花等高山花卉的分化中心。各色奇特的野花在高原上绽放，有绿绒蒿、雪兔子、塔黄等。多样的环境和动植物种群，形成森林、灌丛、草地、流石滩、湿地等多种生态系统。

▼ 塔黄／摄影 李勇

▼ 美丽绿绒蒿／摄影 崔永江

▼ 绵头雪兔子／摄影 李勇

▼ 紫晶报春／摄影 李勇

▼ 矮龙胆／摄影 李勇

▼ 石岩报春／摄影 李勇

▲岩羊／摄影 彭建生

▼ 白唇鹿／摄影 张强

▼藏马鸡／摄影 彭建生

在近代，当西方人第一次踏上这片土地时，不少神奇的动物让他们感到十分惊异，很多珍稀的物种也是第一次被科学的目光审视。1869年，法国传教士谭卫道在横断山脉第一次见到大熊猫，让这种“呆萌”的生物走入了近代西方人的视野里，引发了无数动物学者、捕猎者的好奇。他们专门为此来到中国，寻找这种生活在大山中的可爱生灵。

横断山脉是不少灵长类动物的天堂。1890 年，西方人在横断山脉捕获了滇金丝猴。滇金丝猴没有鼻梁骨，黑色的鼻孔上扬，长相十分奇特。第一次遇到滇金丝猴的西方人，便将这种猴子称为“仰鼻猴”。它们成群结队地生活在高海拔的森林中，是世界上除人以外栖息海拔最高的灵长类动物。

随着时间的推移，横断山脉中的秘密一个接一个地被人们发现，新的物种也逐渐映入人们的眼帘。2017 年，中国科学家将在横断山脉的高黎贡山地区发现的长臂猿新物种命名为天行长臂猿。它们长着白色的眉毛，自由飞荡在高黎贡山的树林间。这是唯一由中国科学家命名的类人猿，也是一种极为稀有的类人猿——它们在国内的数量还不足 200 只。

除了大熊猫、滇金丝猴、天行长臂猿这些“明星”物种，横断山脉还生存着许许多多神奇的动物。活泼可爱的小熊猫，拥有一圈亮丽白嘴唇的白唇鹿，擅长攀岩登山的岩羊，长着一张“大方脸”的藏狐，身材细长的黄鼬（yòu）……这些还仅仅是已经发现的物种，在连绵的群山中，不知还藏有多少未知的生命。

▲（上）天行长臂猿／摄影 欧阳凯

▲（中）毛冠鹿，摄于贡嘎山自然保护区／摄影 邹滔

▲（下）小熊猫，摄于二郎山脚下的喇叭河自然保护区／摄影 邹滔

滇金丝猴的高海拔“生存秘诀”

通常海拔越高，空气越稀薄，气温越低，环境相对于低海拔地区更为恶劣。因此，大多数灵长类动物都生活在海拔 3000 米以下的地方。唯有横断山脉的滇金丝猴，能够悠然自得地在 3000 米以上高海拔的森林中生活。它们究竟有什么“秘诀”，来适应高山上较为寒冷的环境呢?

第一个是多吃。大量的食物为滇金丝猴提供了充足的热量。从凌晨到黄昏，成群结队的滇金丝猴不断地在树上飞跃、翻跳，寻找花苞、嫩芽以及地衣等作为食物。它们吃完之后，往往把枝梢扔得满地都是。因此，在横断山脉的某些地区，如果发现有大量被啃食过的枝梢，那很有可能就是滇金丝猴活动过的区域。

第二个是多动。运动可以帮助滇金丝猴将吃进去的食物转化为热量，以抵御严寒。滇金丝猴十分灵巧，常常在树上嬉戏打闹。特别是处于婴幼阶段的滇金丝猴，它们通过嬉戏玩耍，既能够掌握爬树、跳跃等生存必备本领，又能够让身体产生热量，抵御高山之上的寒冷，可以说是一举多得。

绘图参考@丁宽亮的摄影作品

第三个是晒太阳。高山之上虽然气温较低，但阳光很好，滇金丝猴就利用温暖的阳光来保持自己的体温。不过，它们并不是懒洋洋地躺在树上晒肚皮，而是背对着太阳晒背——滇金丝猴的背部是灰黑色的，能够更好地吸收太阳辐射的能量，从而获得更多的热量。并且，晒背的同时，滇金丝猴还会抱团，保持腹部的温度。有时候，滇金丝猴在享受日光的同时，也会和同伴一起互相梳理毛发，场面十分温馨闲适。

横断山脉的高山森林里，滇金丝猴们就这样跟随着自己的本能，多吃、多动、晒太阳，在我们看来，这只是它们自由自在、生活愉悦的表现，殊不知正是这些看似简单的活动，给了它们抵御寒冷的法宝，让它们得以在严酷的环境中生存。漫长的时间中，环境不断改变，而生灵则通过种种方式，努力适应着环境，不禁让人感叹生命的顽强和演化的美丽。

◀ 进食中的滇金丝猴／摄影 丁宽亮

第4幕 民族走廊

南北走向的大山和汹涌的江水，庇护了生活在此的众多生灵，也让横断山脉成为阻断东西交通的天然关卡，这也正是横断山脉名字的由来。历史上，险恶的横断山脉曾是无数行人的噩梦。

当然，人类的脚印并没有在横断山脉绝迹。在距今大约 6000 年的新石器时代，来自黄河上游的一群人，沿着横断山脉的河谷向南迁移。在迁移的过程中，这些人在语言、文化上逐渐产生差异，形成了许多不同的民族。后世的学者将这条迁移的路线称为“藏彝（yí）走廊”。羌族、彝族、纳西族、白族、哈尼族、傈（lì）僳（sù）族、拉祜（hù）族、基诺族、普米族、景颇族……一个个少数民族，就在这南北贯通的山间河谷生活了千百年。

于是，在横断山脉的河谷之中，各民族在天地之间留下了属于自己民族的记忆。

雪山之下的独克宗古城中，藏族的僧侣们建立起一个个寺院，在这里寻找宗教的真谛和心中的理想国。苍山下的白族，则打造出精致优美的大理古城。城内绿树与白墙相映，碧水与红花相称，高耸的白塔则默默记录着远道而来的人们的愿望。而遥望玉龙雪山的纳西族，以天地山川为天然屏障，在丽江古城内建造了气势恢宏的土司衙署，明代中原建筑的风采与民族特色汇聚一体，相得益彰……

七脉六江的横断山脉之中，奏响了不同民族共同生活的奇妙乐章。

▲ 丽江纳西族祭祀仪式／摄影 和照

◀ （左）布依族／摄影 毛红
◀ （中）花腰彝／摄影 何新闻
◀ （右）傣族／摄影 何新闻

▼迪庆德钦县城／摄影 李谨

横断山脉中的理想国：独克宗古城

在佛教传说中，有一个叫“香巴拉”的圣地，相传这是一处四面环绕雪山、形状犹如八瓣莲花的理想国。这样一个佛教传说之地，却在横断山脉深处找到了现实的对应，这便是位于云南省迪庆藏族自治州香格里拉市的独克宗古城。

独克宗古城的中心是大龟山，各个建筑以大龟山脚下的藏公堂为中心依次展开，形成了八瓣莲花的布局，宛若佛教传说中的香巴拉。城内大多是藏式建筑，站在古城的石板路上，仿佛置身于藏传佛教的传说之中。

独克宗古城始建于1300多年前，吐蕃王朝在这里垒石为堡，后世的城市就围绕石堡修建。“独克宗”是藏语发音，其中一个意思便是“建在石头上的城市”。相传，在修建古城时，城内的建筑外墙上涂满了一种白色黏土。在月夜中，银色的月光与白色的古城交相辉映。所以，“独克宗”在藏语中还有第二个意思，那便是“月光城”。

▼ 香格里拉建塘镇，近处是独克宗古城／摄影 崔永江

在过去，独克宗古城是四川、云南、西藏之间贸易的重要节点。清朝雍正、乾隆时期，这里四方商贾云集，街道上摩肩接踵，好不热闹。在抗日战争时期，从印度而来的援华物资翻越喜马拉雅山脉进入西藏后，经过这里送到前线。如今，还有很多藏族人生活在这座昔日的贸易重镇，让这座古城继续保持着生机。

2014 年 1 月，这座有着 1300 多年历史的月光之城遭受了一场突如其来的大火。古城将近三分之二的面积被大火吞噬，千年古城昔日的美丽只留下了一片狼藉，让人们心痛不已。2016 年 1 月，重建后的独克宗古城向游人开放。这场大火虽然留下了无尽的叹息，但其独特的民族文化依然存活。这场大火也警醒着我们，珍贵的民族文化迫切需要更为用心的保护与传承。

除了独克宗古城外，还有丽江古城、大理古城等众多古城分布在横断山脉的高山峡谷之中，这些古城记录了穿梭在横断山脉中的不同民族的历史，凝结着这些先民的智慧与心血，增添了这片大山的奇妙之处。

有意思专栏

跨越横断山脉的天路

横断东西交通的横断山脉，曾经阻挡了无数人从四川盆地向西进入西藏的步伐。崇山峻岭，悬崖峡谷，复杂的地形条件使得这里施工难度极大，甚至一直到新中国成立初期，整个西藏还没有一条像样的公路。“乱石纵横，人马路绝，艰险万状，不可名态”，如此险恶的交通状况，让西藏与外界处在几乎隔绝的状态之下。直到 1954 年底康藏公路（今川藏公路）的建成，西藏才结束了没有公路的历史。而这条公路，也让横断东西的横断山脉不再是难以逾越的障碍。

翻越二郎山

1950 年，新中国刚刚成立不久，为了解放西藏，人民解放军决定进入西藏。然而，恶劣的交通条件，让解放军举步维艰。修建一条跨越横断山脉、进入西藏的公路，成为迫在眉睫的事务。于是，解放军向西藏进发时，一边行军，一边修路，踏上了征服高山峡谷的征程。

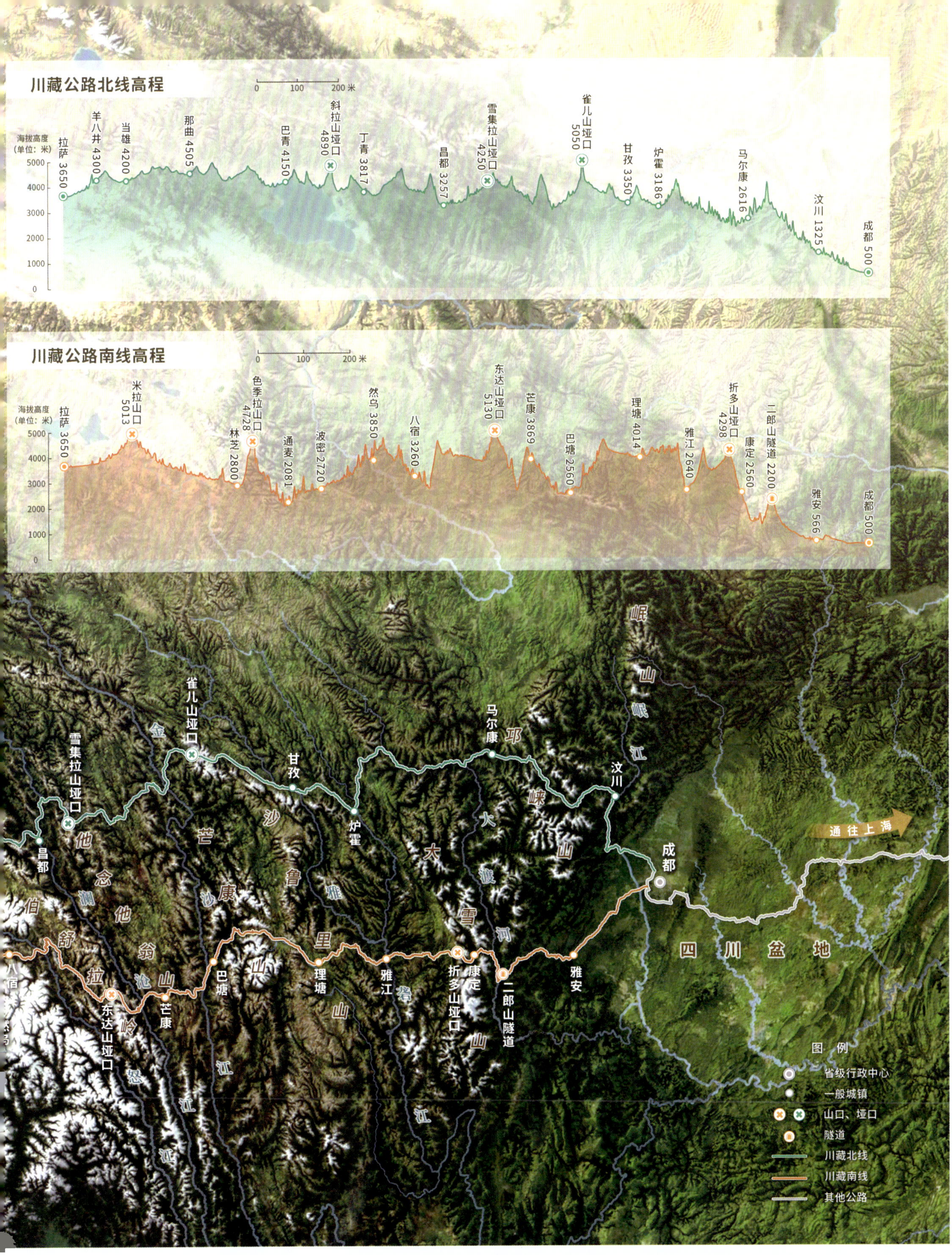

川藏公路北线高程
0 100 200 米
海拔高度（单位：米）
5000
4000
3000
2000
1000
0
拉萨 3650
羊八井 4300
当雄 4200
那曲 4505
巴青 4150
斜拉山垭口 4890
丁青 3817
昌都 3257
雪集拉山垭口 4250
雀儿山垭口 5050
甘孜 3350
炉霍 3186
马尔康 2616
汶川 1325
成都 500
川藏公路南线高程
0 100 200 米
海拔高度（单位：米）
5000
4000
3000
2000
1000
0
拉萨 3650
米拉山口 5013
林芝 2800
色季拉山口 4728
通麦 2081
波密 2720
然乌 3850
八宿 3260
东达山垭口 5130
芒康 3869
巴塘 2560
理塘 4014
雅江 2640
折多山垭口 4298
康定 2560
二郎山隧道 2200
雅安 566
成都 500
雀儿山垭口
金
雪集拉山垭口
昌都
他
念
澜
他
翁
伯
舒
拉
岭
怒
八宿
东达山垭口
芒康
沧
山
芒
沙
鲁
康
巴塘
甘孜
炉霍
马尔康
邛
崃
山
大
渡
河
大
雪
山
雅
里
理塘
雅江
砻
折多山垭口
康定
二郎山隧道
雅安
汶川
岷
山
岷
江
成都
通往上海
四川盆地
图例
省级行政中心
一般城镇
山口、垭口
隧道
川藏北线
川藏南线
其他公路

第5幕 尾声

横断东西，沟通南北，连绵的横断山脉既接纳了众多生灵，又容纳了不同的民族文化，让这片山水相连的土地，变得丰富多彩。也只有在这样多样的世界里，才会诞生出如此多精美绝伦的景观。

然而，巍巍大山在创造了这一切的同时，也阻断了内外的交通，把这些精彩细心地保护了起来，秘不示人。直到 19 世纪后期，随着一批西方探险家的进入，人们才开始科学地认识横断山脉。

第1幕 山河分界

首先，秦岭、淮河位于中国中部和东部的中央，构成山河分界，形成了南北的地理阻隔。

人们熟知的秦岭，主体位于陕西南部。实际上，秦岭向西可延伸至甘肃、青海边界，与昆仑山相连，向东则到达了河南中西部，囊括崤（xiáo）山、伏牛山等山脉，东西绵延 1500 千米，成为阻隔南北的最大屏障。

▼ 华山西峰／摄影 李文广

▲ 雪后的终南山／摄影 高江峰

我们熟知的太白山、终南山、华山、嵩山等，都属于秦岭。

太白山海拔达 3767 米，是秦岭的主峰之一，云海在险峰间翻涌不息，波澜壮阔。

秦岭中段的终南山，海拔 2604 米。终南山山峦叠起，林海葱郁，流水潺潺；山间瀑布层层跌落，或聚集成溪，或汇聚成湖，形成处处湖光秀丽的人间仙境。秀丽的景色使它成为“行到水穷处，坐看云起时”的归隐圣地。

位于秦岭东段的华山，海拔 2154.9 米，是五岳之中的最高峰。华山本身，也以高峻奇险著称，号称“奇险天下第一山”。山体四周都是悬崖绝壁，仿佛大自然挥刀砍过一样，惊险无比。人走在绝壁的栈道上，稍微一低头，万丈绝壁就会令人头晕目眩、裹足不前。

嵩山则是五岳中的中岳，位于秦岭最东端的余脉中，自带一份孤独苍老的气质，巍然耸立在大地之上。

除了这些声名远播的名山，秦岭之上其他鲜为人知的山峰同样拥有各自的精彩。

海拔超过 2900 米的麦秸摞，山顶以高山杜鹃、高山草甸或低矮灌木为主，没有高大的树木遮挡，视野极为开阔，所以又称“光头山”。立于山巅可以北望关中平原，左右环顾太白山、鹿角梁、冰晶顶诸峰。

鹿角梁因形似鹿角而得名，那里人迹罕至、植被原始，至今仍是保存完好的一方净土。

海拔 3015.1 米的冰晶顶，寒冻风化作用强烈，山体崩裂形成面积广大的石海。人们行走其上，稍有不慎就会摔伤，而在这里极难展开救援活动，一旦受伤便是致命危险。

▶ 霞光普照、云海蒸腾的鹿角梁／摄影 常志强

▼ 乱石丛生的冰晶顶／摄影 刘锐锋

▲ 秦岭耿峪跌落山间的瀑布／摄影 高江峰

▲ 秦岭大峪的水流／摄影 索罡

层峦叠嶂、险峰密布的秦岭就像一堵“挡风墙”，拦截了大量南来的水汽，山岭间云雾蒸腾，流水汇集，在海拔较高处，形成了众多高山湖泊。在太白山最高峰的南北两侧，大爷海、二爷海、三爷海，如阶梯般在山岭间逐级分布，它们是由古冰川作用形成的多级冰斗湖。其中大爷海位于海拔 3590 米处，是中国大陆东部海拔最高的高山湖泊，群峰环绕，雾气蒸腾，如瑶台仙境。

山间溪流密布，水流深切山体，形成一道道峡谷。峡谷两侧青山耸立，谷内溪水层层跌落，形成多级瀑布。冬日来临，瀑布冻结，流水仍然沿着冰柱直落而下，使得冰瀑不断加大，在底部形成一个巨大的冰堆，晶莹剔透，颇为壮观。在秦岭北坡，山体陡峭，峡谷并排而立，流水如群龙吐水般从峡谷倾泻而出，人们将它们统称为“秦岭七十二峪”。

秦岭上溪流汇聚，孕育出了众多大江大河。在南侧，长达 1532 千米的汉江和长达 1119 千米的嘉陵江，从秦岭之上奔腾而下，汇入长江，分别成为长江最长的支流和流域面积最大的支流。在北侧，长 818 千米的渭河浩浩荡荡，滋润了富庶的关中平原，成为黄河的第一大支流。秦岭，也就成为黄河流域与长江流域的分水岭。

然而，秦岭的主脊并不清晰，其南北宽 100 ~ 150 千米，群山绵延，对古人而言，几乎不可逾越。为翻越秦岭，古人在群山中开拓了数条南北通道，包括著名的陈仓道、子午道等。然而，这些道路并没有显著降低翻越秦岭的难度。唐代诗人李白在《蜀道难》中描写道："蜀道之难，难于上青天……尔来四万八千岁，不与秦塞通人烟。"所谓的蜀道，便是从现在的关中平原，翻越秦岭到达四川盆地的道路。通过今天扭曲纠结、纷乱如麻的秦岭盘山公路，我们仍然可以窥见几千年来人们翻越秦岭的不易。如果遇到大雪封山等恶劣天气，道路更加艰险难行。

高大的秦岭阻拦了人类的脚步，却也在一定程度上保护了生活在其间的生灵，使其免受人类活动的干扰。秦岭群山中丰富的珍稀物种，是中国的重要宝藏。这里生活着四种"国宝级"动物：大熊猫、朱鹮（huán）、金丝猴和羚牛。它们被称为"秦岭四宝"。

◀（上）甘肃天水与陕西宝鸡交界处的渭河，高架桥为穿过秦岭进入渭河河谷的陇海线／摄影 杨文忠

◀（下）甘肃徽县段的嘉陵江／摄影 杨文忠

▲穿越秦岭的 210 国道／摄影 李文博

▼ 剑门关／摄影 姜曦

剑门关位于四川省广元市。剑门关地势险要，扼守着古时入蜀的主要通道，自战国时期这里一直都是兵家必争之地，在这里发生过的战事数不胜数。李白在《蜀道难》中写道：“剑阁峥嵘而崔嵬，一夫当关，万夫莫开。”“剑阁”指的就是剑门关，其险要程度可见一斑。

有意思专栏

明修栈道，暗度陈仓

从先秦到明清，古人们在秦岭之中修建了许多古道。这些古道从沃野千里的关中平原出发，或沿着山间谷地，或依靠悬挂在悬崖峭壁上的栈道，翻越秦岭，抵达汉中盆地或南阳盆地。

这些秦岭古道中，就包括了著名的褒斜道和陈仓道。褒斜道因为途经褒水和斜水而得名，是翻越秦岭通往汉中的多条栈道中最早开凿的一条。而陈仓道则是其中地势最为平坦的一条。“明修栈道，暗度陈仓”的故事，便与这两条古道有着极大的关系。传说楚汉之争中汉军假意修建的栈道，正是沟通褒水、斜水的褒斜道；而汉军真正走过的，便是从汉中出发，北越秦岭，抵达陈仓的陈仓道。

除了这些，秦岭之中还有子午道、峪谷道、武关道等道路。这些道路，成为南北交通的一个个孔道。然而，峭壁之上摇摇欲坠的栈道十分狭窄，无法承载太多的人与物。即便有了栈道，翻越秦岭对古人而言也仍是极难的事。所以古人才有“蜀道之难，难于上青天”的感叹。

▼秦岭古道示意图

什么是秦岭四宝？

憨态可掬的

大熊猫

“四川大熊猫”可能早早就在人们的心中留下了一个很深的印象。然而我们的国宝大熊猫的栖息地，可不仅仅局限在四川。高大雄伟的秦岭，也是它们很重要的栖息地。秦岭片区是大熊猫亚种分布纬度最高、密度最大的区域。根据陕西省第四次大熊猫调查成果报告，生活在陕西秦岭的野生大熊猫数量有 345 只。

虽然秦岭和四川的大熊猫看起来都有着圆润的身形，黑黑的眼圈，粗壮的四肢，但实际上它们是两个不同的亚种，秦岭大熊猫是秦岭亚种。仔细观察，会发现它们和四川大熊猫的形态并不相同。四川大熊猫的头较大，头型偏长，与熊近似；秦岭大熊猫头圆嘴短，更接近小熊猫。除此以外，四川大熊猫胸部的毛发为深黑色，腹部为白色；秦岭大熊猫胸部的毛发则为深棕色，腹部为棕色。在秦岭亚种中，还有一种特殊的大熊猫变种个体——数量稀少的棕色大熊猫。

▼ 秦岭棕色大熊猫／摄影 何鑫

在秦岭的伏牛山以东，便是一望无际的华北平原。那么，在没有高大山脉阻隔的平原地带，还会存在地理阻隔吗?

平原之上，滔滔江河成为阻挡人们前进的又一道障碍。秦岭以东的桐柏山脉上，流淌出一条长约 1000 千米的大河——淮河。其干流流经河南、安徽、江苏等省，滋润了无数农田与城镇。与此同时，淮河将东部的平原一分为二。在没有高超造桥技术的古代，面对淮河，人们常常只能“望河兴叹”。在南北分裂的历史时期，淮河经常成为南北方政权之间的天然界线。

▼ 淮河流域水系示意图

山河即天险，两者成为南北之间天然的地理阻隔，这便是秦岭、淮河作为中国南北分界线的第一个理由。不过，中国的山川河流那么多，能够成为地理阻隔的并不只有秦岭、淮河，仅仅这一个理由，自然不足以令人信服。

那究竟还有什么原因，让秦岭和淮河得以坐定南北分界线的名号呢？

▼ 洪泽湖／摄影 李玉龙

洪泽湖为中国第四大淡水湖，位于淮河的下游。

第2幕 南橘北枳

这其中的奥妙，就在于秦岭—淮河一线南北两侧气候和环境的差异。

而气候差异的根源要从距离地球约 1.5 亿千米的太阳说起。发光发热的太阳源源不断地向地球输送能量，地球每秒接收的能量相当于 500 多万吨标准煤燃烧释放的能量总和！但地球是一个球体，这些能量并没有被均匀地分配到每一寸土地上。在太阳直射的低纬度地区，能量集中，地表单位面积接收的能量较多；而在太阳倾斜照射的高纬度地区，能量分散，地表单位面积接收的能量较少。地球从低纬度到高纬度接收到的太阳能量逐渐减少，造成了地理环境的差异，这种“地理特性”就被称为“纬度地带性”。

▼ 太阳照射和纬度地带性示意图

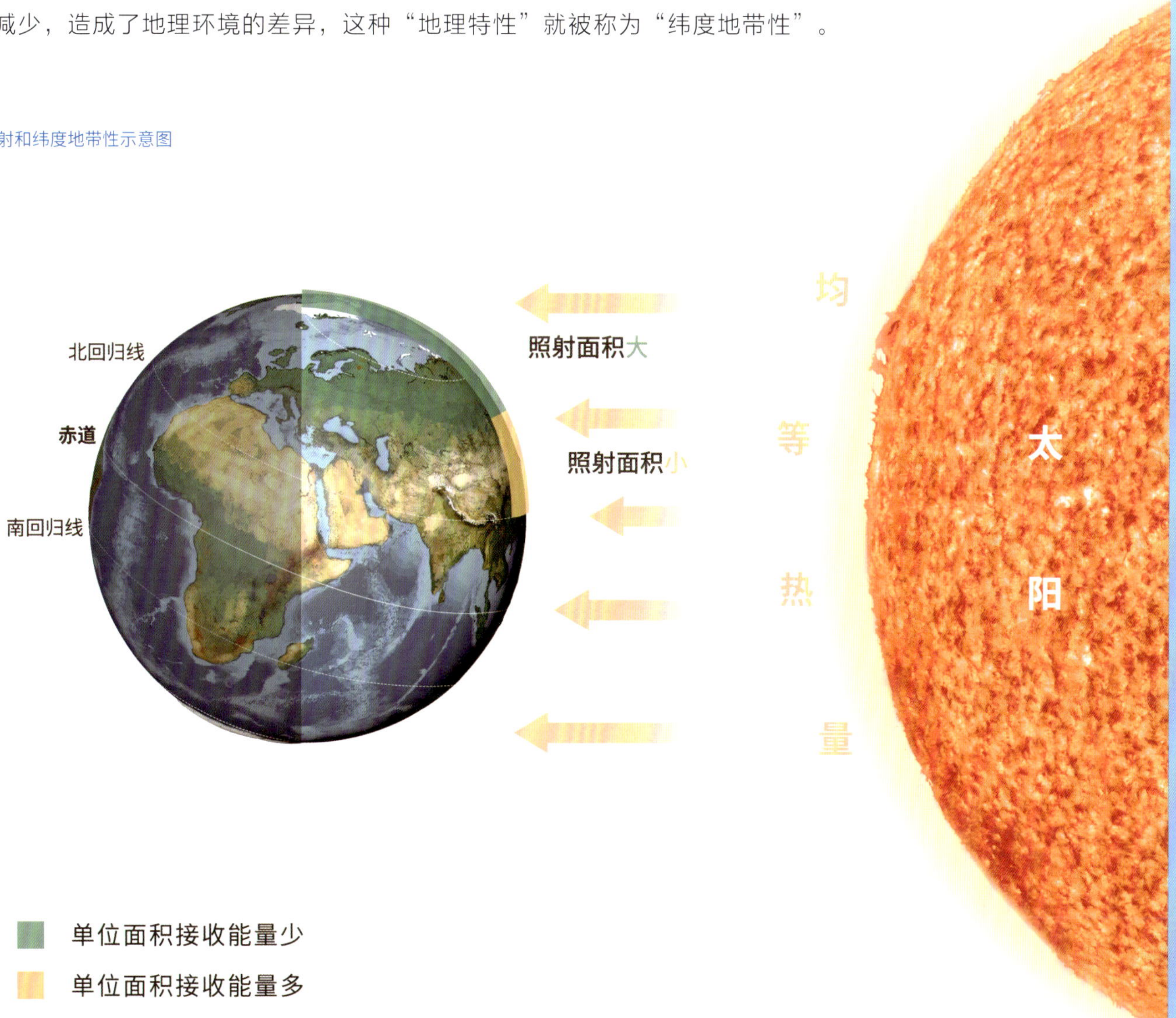

▲ 满眼葱翠的南国风光／摄影 何旭龙
广西桂林漓江第一湾，苍翠欲滴的山峰与蜿蜒流淌的漓江共同绘制出一幅天然的山水画卷。

▼ 银装素裹的北国风光／摄影 刘兆明
大兴安岭原始森林冰雪风光，起伏的林海搭配雾凇雪景，尽显北国寒冬的大气磅礴。

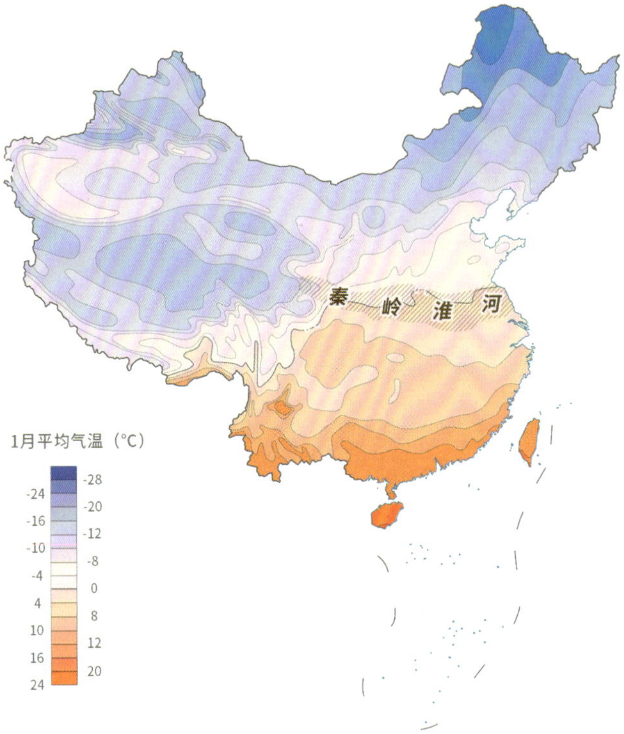

▲ 中国 1 月平均气温分布示意图

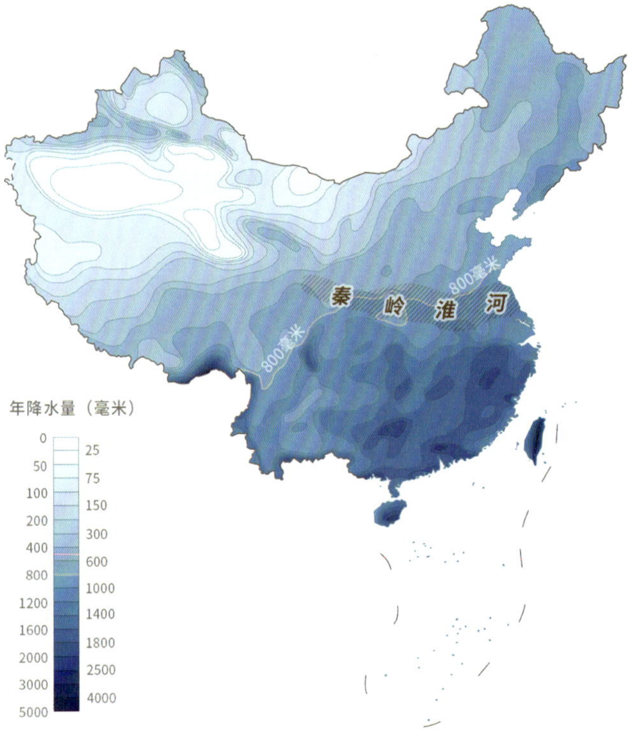

▲ 中国年降水量分布示意图

这种纬度地带性，成为中国南北差异产生的重要原因。中国南北跨度巨大，从最北端的漠河到最南端的曾母暗沙，跨越了约 50 个纬度，这造就了南北之间巨大的气温差异。在东北大兴安岭北端，1 月平均气温 -30℃，最低时甚至低于 -50℃，一切事物似乎都被冻结在那片冰雪的莽原之上。而在中国南端的南沙群岛，1 月平均气温可达 25℃，这里没有冬天，只有一片热带风光。

热量的差异不止于此。在相同情况下，海水温度变化要比岩石和土壤慢，这是因为水的比热容更大。因此，在大致相同的纬度上，夏季陆地的温度高于海洋，冬季陆地的温度低于海洋。海陆之间的不同温度造成压力差，驱使着大气在陆地与海洋之间形成环流，称为季风环流。冬季风从亚洲内陆开始横扫华夏，寒冷干燥；夏季风携带着海洋的水汽从东南沿海一路北上，温暖湿润，不断成云致雨。随着距离增加，越往西或往北，水汽越稀少，造成南北之间降水量的差异。

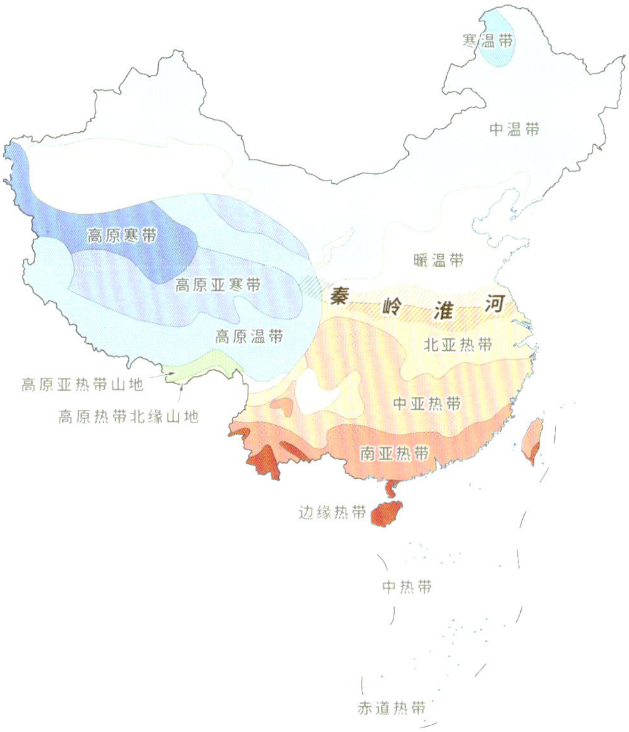

▲ 中国气候带分布示意图

▲ 中国植被区划示意图

以东南沿海地区和长江流域为例，许多地方的年降水量能够达到 1000 毫米以上，充足的降水让南方形成了众多的河流与湖泊，尤其是在地势低平的长三角地区，河网密度可达 6 千米 / 平方千米。相比之下，北方地区的年降水量大多只有 400 ～ 800 毫米，河网密度普遍低于 0.5 千米 / 平方千米，不足长江流域的十分之一。

中国南北热量、降水、植被等的差异，是从南向北逐渐变化的，但是我们可以画出几条关键的界线，比如 1 月 0℃等温线、800 毫米年等降水量线、亚热带与暖温带界线、亚热带常绿阔叶林与暖温带落叶阔叶林分界线等。当我们把这些界线画在地图上时，就会惊讶地发现：它们全都聚集在一个条状地带。而在这个条状地带内，一条山脉和一条大河大致沿着这个区域的走向分布，形成一条肉眼可见的分界线，这便是秦岭—淮河一线。

◀ 橘

◀ 枳

秦岭—淮河两侧的水热差异，让植物演化出迥异的面貌。早在春秋时期，人们就已经观察到了淮河南北物种的差异。齐国的晏婴出使楚国，为了回应楚王的讥讽，晏子就举了“橘生淮南则为橘，生于淮北则为枳”的例子，认为是南北的水土差异造成了两者味道的不同。现在我们知道，橘和枳其实是两种不同的水果，并不是橘子的两种形态。如果我们把橘移栽到北方，很容易冻死，也长不出好果子，更不能结出枳。因为两者虽然相似，但并不是同一个物种。古人受限于当时的认知水平，对橘和枳的描述并不正确，但他们已经注意到了南北气候的差异，并且对淮河这个南北分界线有了初步的认识。

如今，通过现代科学的研究，我们能更加科学地看待秦岭—淮河南北环境差异所带来的影响。

山势陡峻、绵延 1500 千米的秦岭形成了一道“挡风墙”，阻止了冬季冷空气南下，这让秦岭南侧的汉中盆地、四川盆地冬季平均气温高于 0℃。由于冬季温和的气候，很多植物可以无须落叶休眠，保持四季常青。同时，由东南而来，携带着充沛水汽的夏季风也被秦岭截留在南坡，让南坡的森林更加茂密。人们在这里播种水稻、油菜，收获茶叶、橘子。山脚之下，良田千顷，恍惚之间，令人仿佛身处江南。

▶ 位于汉中市勉县的油菜花田／摄影 李伟

北依秦岭的汉中盆地气候温和湿润，为油菜花生长提供了良好的环境。每年 3—4 月，百亩油菜花灿烂盛放，将大地变成了一片金黄。

▼八达岭长城的秋色／摄影 潘伟光

继续向南，在我国的热带地区，水热资源最为充沛，热带植物也进入“疯吃猛长”状态，形成繁茂的热带丛林。借着湿热的条件，丛林中的植物长出了巨大的叶子。有的树木还直接让气生根垂落至地面，并落地生根，支撑主干，最典型的就是榕树，往往形成“独木成林”的景观。

炎热湿润的气候、常绿的森林为动物提供了稳定的栖息地，以及一年到头不断供的食物。因此，这里的生物种类繁多。尤其是四肢灵活、头脑发达的灵长类动物，更是在这大片的山林中快活地生存繁衍。

而在秦岭北麓，由于受到冬季风侵袭，这里的最冷月平均气温低于 0℃，冬季的河流常常结冰。再加上夏季风受到秦岭的阻挡，大地也明显更加干旱，这里的农作物是不需要大量水分的小麦，苹果、杏等温带水果果园彼此相连。到了秋、冬季节，寒冷干燥的气候让大多数植物必须暂时休眠呈落叶枯萎的状态，待到春天再长出新叶。春夏秋冬植被各有不同面貌，创造了一年四季不同的色彩。

▶（左）双角犀鸟／摄影 孙晓宏

双角犀鸟主要栖息于海拔 1500 米以下的常绿阔叶林中。雄鸟一般长有约 30 厘米长的大嘴和一个大而宽的盔突，即嘴巴上突起的部分。其盔突上部的形状如同两角向外突起，因此而得名。雌鸟与雄鸟相似，只是盔突相对较小。

▶（右）滇金丝猴／摄影 丁宽亮

滇金丝猴与川金丝猴的金色毛发不同，滇金丝猴的毛发以灰色、白色为主。目前主要栖息于澜沧江与金沙江之间的高山深谷地带。

继续往北，到了东北的大兴安岭北部，这里每年都有长达 240 余天的漫长冬季。生长在这里的落叶松属植物具有强大的根系，即便是在沼泽化或具有冻土层的土壤中，也能够扎根繁衍。并且，它们能够有效地利用夏季短暂的气温升高的时段，在短时间内进行强烈的光合作用与蒸腾作用而快速生长，形成广阔的森林。

寒冷的气候中，披上厚重的皮毛成为哺乳动物的御寒首选。此外，通过增加身体的体积，可以相对减少身体热量的散失。因此，东北哺乳动物的体形通常比它们在南方的亲戚更大，比如东北虎的体重，就几乎是华南虎的两倍。

从南往北，显著的气候、环境差异，让秦岭、淮河南北两侧的植被、生灵大不相同，这是二者划分南北的重要理由。不过，这还不是秦岭、淮河成为中国南北界线的全部原因。南北两侧社会文化的种种差异，为这一界线增添了更多样的色彩。

▼ 东北虎／摄影 谢建国 | 自然影像中国

东北虎为国家一级保护野生动物，目前主要分布在我国吉林、黑龙江两省。它们充足的脂肪和厚重的皮毛，帮助它们抵御东北的严寒。

▲ 北方山西吕梁的民居／摄影 崔永江

窑洞为黄土高原上极具地域特色的民居形式，冬暖夏凉、安全舒适。图中众多窑洞依山就势，高下叠置。

▲ 南方江西婺源的民居／摄影 陆雨春

清晨的婺源，徽派建筑多采用白墙黛瓦，是南方建筑用色的典型代表。

南北之间的差异，让人们心中的“南北意识”逐渐萌发。南宋以后，中国经历了元、明、清三朝大一统。这一时期虽然消除了南北之间的对立，但“南北意识”已经在人们的心中扎下根。清朝末年，中国近代地理学先驱、后来创建了中国地学会的张相文，开始用现代科学分析中国的地理特征，在 1908 年首次提出以秦岭—淮河作为中国地理南北分界线。随后这一提法被载入中国地理教科书，成为尽人皆知的地理常识。

进入 21 世纪，日新月异的技术变革，打通了秦岭、淮河的地理阻隔。18.02 千米长的秦岭终南山公路隧道贯穿山体，沟通南北；而 658 千米长的西成高铁，成为中国第一条穿越秦岭的高铁线路。高速公路、高铁、飞机、网络等，各式各样的高速交通及通信手段，让南北差异逐渐减少。“南米北面”的饮食习惯差异随着南北交流的频繁而减弱，北方人也可利用高效的保鲜运输品尝到岭南的热带水果。

高山变坦途：穿越秦岭的铁路和公路

巍峨高峻的秦岭，阻隔着南北两侧的沟通交流，却阻碍不了一代代中国人心中打破藩篱、互通有无的愿望。随着社会的发展、科技的进步，秦岭南北的沟通日益便捷。从公路到铁路，从普速列车到高速列车，一步步把“蜀道之难”变成了历史。

火车进秦岭：宝成铁路

1952 年，新中国铁道部正式决定修建从陕西宝鸡到四川成都的宝成铁路。然而，宝成铁路的修建，并非一件容易的事。

宝成铁路全线 80% 的路段需穿过崇山峻岭，人们不得不延长铁路的线路以减缓坡度。在杨家湾站到观音山站之间，铁路线甚至形成了双马蹄形和“8”字形的展线。特别是在观音山站，人们可以看到山上形成了三层铁路重叠的壮观场面。从宝鸡到秦岭站，直线距离仅有 25 千米，而铁路线长度几乎是这个长度的 2 倍，达到了 45 千米。

除了拉伸的铁路展线，连续不断的隧道同样引人注意。宝成铁路全线修建了 304 条隧道，一条接一条的隧道组成了壮观的隧道群。在这些隧道中，长度最长的当数最后的秦岭隧道，总长 2363.6 米，而这条隧道更是历时两年才打通。

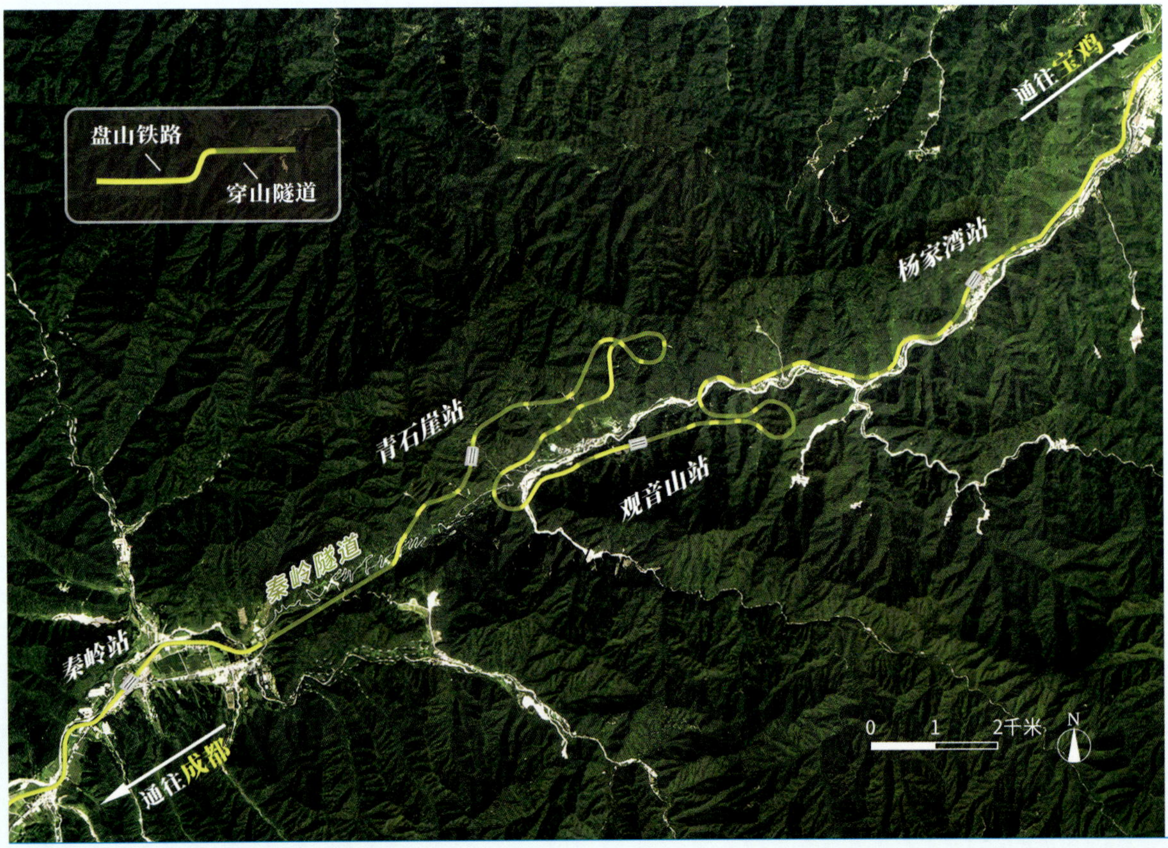

1956年，宝成铁路终于建成通车，1958年1月正式投入运营。列车在由隧道与展线组成的“盘山铁路”上缓慢爬升，虽然运行速度和运输效率有限，但它却是我国第一条打破南北阻隔，沟通西北地区和西南地区的铁路干线。这让数千年来引得无数人喟叹的秦岭终于拥有了一条较为便捷的交通命脉。

◀ 秦岭观音山“8”字展线示意图／影像来源 星图地球今日影像

列车为了爬升到预定高程，常通过延长线路以实现缓慢爬坡的目的，这样的铁路线路称为“展线”。

▲行驶在宝成铁路上的列车／摄影 罗靖峰

洞穿终南山：秦岭终南山公路隧道

宝成铁路的开通让火车得以驶进秦岭，但这远远不够，人们还要实现汽车沟通南北的愿望。然而，汽车想要翻越秦岭，需要在盘山公路上蜿蜒盘旋。当遇到大风、雨雪等恶劣天气时，在盘山公路上驾车会变得异常危险。于是，人们设想：能否打通秦岭，修建一条长长的隧道穿过大山？

2007 年，秦岭终南山公路隧道的建成，实现了人们的这一愿望。隧道起于陕西西安，终于陕西柞（zhà）水，是内蒙古包头至广东茂名高速公路的一部分。整个隧道长达 18.02 千米，共有两个隧洞，是目前世界上最长的双洞高速公路隧道。它的建成，让西安至柞水的公路里程缩短了整整 60 千米。

秦岭终南山公路隧道不仅是中国最长的公路隧道，还创造了多项“世界之最”，如拥有当时世界上直径最大、深度最深的通风竖井工程，保障隧道的通风；拥有当时世界上最完备的监控技术，用以观察隧道内的车流；首次在高速公路隧道中设置特殊灯光带，通过不同的灯光颜色与图案变化，缓解驾驶员的视觉疲劳，保证行车安全；等等。

▲ 秦岭终南山公路隧道／摄影 魏炜

图中从左往右分别为引乾济石调水隧洞、秦岭终南山公路隧道、西康铁路秦岭隧道。

▲ 途经秦岭将军山隧道的西成高铁／摄影 刘锐锋

高铁飞架南北：西成高铁

2017 年 12 月 6 日，一列穿越秦岭、横跨南北的高速列车从十三朝古都西安，向西南方向出发，最终抵达烟火名城成都，全长 658 千米。这条线路就是我国第一条穿越秦岭的高铁线路——西成高铁。原来的普快列车从西安到成都需要十几个小时，而西成高铁的开通把时间压缩到了 4 个小时以内。上午可能还在西安吃着羊肉泡馍的你，下午就可以在成都涮火锅。

不管是普速铁路还是公路，想要打破秦岭这个大屏障并不是一件容易的事，而修建一条跨越南北的高速铁路更是困难重重。西成高铁驶过关中平原，穿越秦巴山地，穿越汉中盆地，最后到达成都平原，地形复杂，海拔起伏较大。想要快速穿越这样复杂的地形，最佳的选择就是多建桥梁，多挖隧道。

以西成高铁陕西段为例，这段铁路全长 343 千米，有 131 千米的里程是在桥梁上行驶，有 189 千米的里程是在隧道中穿行，桥梁和隧道的里程占比接近 94%。而在众多隧道中，还有 7 条超过 10 千米的特长隧道。隧道不仅长度惊人，落差也极大，在清凉山隧道中，就有一段长达 45 千米的上坡路，从坡底到坡顶，落差高达 1100 米，相当于近 400 层楼房高。

穿越南北的进程还在不断持续，另一条穿越秦岭的高速线路——西康高铁也计划在 2023 年投入运营。这条从西安到安康的高铁线路虽然路程比西成高铁要短得多，但是其设计时速将会达到 350 千米，会进一步实现新的“飞越”。

第4幕 尾声

▲恢宏壮阔的秦岭／摄影 刘夙培

21 世纪以来，各种技术手段逐渐消弭了南北方的差异，秦岭—淮河在这个新时代，还能继续作为中国南北分界线吗？这个问题的答案，恐怕还要分而论之。

对大自然而言，秦岭—淮河依旧是诸多地理现象的分界线，它依然是十分突出的存在。对生活在南北两侧的人们而言，秦岭—淮河分隔南北的作用日益减弱，这种界线日益模糊。其实，除了秦岭—淮河之外，在中国约 960 万平方千米的广阔土地上，还有许多类似的“界线”，或是分开青藏高原与云贵高原的横断山脉，或是分开黄土高原与华北平原的太行山……世界上充满了差异和屏障，而打破屏障的阻隔，正是人类走向进步的必经之路。

从更广阔的视角来看，约 1.5 亿千米外，太阳仍在熊熊燃烧，秦岭—淮河这条“界线”的南北两侧，也将永远存在差异。不同的自然环境，不同的万物生灵，不同的生活方式，它们依然千差万别，却又交织融合在同一片土地上。不同而和，和而不同，这正是在秦岭—淮河一线南北之间不断穿梭的中国人品悟出的大智慧。

参考文献

1 喜马拉雅山脉：山界之王

[1]Bird P. An updated digital model of plate boundaries[J].Geochemistry Geophysics Geosystems，2003， 4(3).

[2]Fick S. E.， Hijmans R. J.WorldClim 2: new 1-km spatial resolution climate surfaces for global land areas[J]. International Journal of Climatology，2017，37(12).

[3]Jurgalski E.Geographical facts of the Main 8000ers[Z/OL].[2021-09-12].https://www.8000ers.com.

[4]NASA.The Blue Marble[CM/OL].(2002-02-11)[2021-06-10].https://earthobservatory.nasa.gov/images/2181/the-blue-marble.

[5]Scotese， C.R.，An Atlas of Phanerozoic Paleogeographic Maps: The Seas Come In and the Seas Go Out.[J].Annual Review of Earth & Planetary Sciences，2021，49(1):679-728.

[6] 邓绶林 . 地学辞典 [M]. 石家庄 : 河北教育出版社，1992.

[7] 杜秀荣，唐建军 . 中国地图集 [M]. 北京 : 中国地图出版社，2011.

[8] 范毅，周敏 . 世界地图集 [M]. 北京 : 中国地图出版社，2011.

[9] 郭豫斌 . 猫 • 虎 • 豹 • 狮王 [M]. 北京 : 东方出版社，2012.

[10] 胡一鸣，梁健超，金崑，等 . 喜马拉雅山哺乳动物物种多样性垂直分布格局 [J]. 生物多样性，2018，26(2):191-201.

[11] 胡一鸣，姚志军，黄志文，等 . 西藏珠穆朗玛峰国家级自然保护区哺乳动物区系及其垂直变化 [J]. 兽类学报，2014，34(1):28-37.

[12] 冀琴 .1990—2015 年喜马拉雅山冰川变化及其对气候波动的响应 [D]. 兰州 : 兰州大学，2018.

[13] 卢克 • 亨特 . 世界陆生食肉动物大百科 [M]. 王海滨，译 . 长沙 : 湖南科学技术出版社，2014.

[14] 刘敏，方如康 . 现代地理科学词典 [M]. 北京 : 科学出版社，2008.

[15] 刘秧 . 喜马拉雅区域“通道”的文化内涵及现实意义——以吉隆河谷为例 [J]. 四川师范大学学报 (社会科学版)，2019，46(1):153-159.

[16] 马鸣，徐峰，程芸，等 . 新疆雪豹 [M]. 北京 : 科学出版社，2013.

[17] 尼柯尔森 . 喜马拉雅山 [M]. 杨颂良，译 . 长春 : 吉林文史出版社，2013.

[18] 舒良树 . 普通地质学 [M]. 北京 : 地质出版社，2010.

[19] 田立德，姚檀栋，余武生，等 . 青藏高原水汽输送与冰芯中稳定同位素记录 [J]. 第四纪研究，2006，26(2):145-152.

[20] 万冬梅 . 国家生态保护丛书 : 国家保护动物卷 [M]. 北京 : 北京联合出版公司，2015.

[21] 王成善 . 特提斯喜马拉雅沉积地质与大陆古海洋学 [M]. 北京 : 地质出版社，2005.

[22] 王二七，陈良忠，陈智樑 . 在构造和气候因素制约下的雅鲁藏布江的演化 [J]. 第四纪研究，2002(4):365-373.

[23] 武保林，聂金甜 . 夏尔巴人研究综述 [J]. 西藏研究，2017(5):29-34.

[24] 西藏自治区自然资源厅测绘管理处 . 西藏自治区地图水系版 A2[CM/OL].[2022-05-24].http://zrzyt.xizang.gov.cn/fw/zyxz/202004/P020220528377685970615.rar.

[25] 谢自楚，刘潮海 . 冰川学导论 [M]. 上海 : 上海科学普及出版社，2010.
[26] 徐永清 . 珠峰简史 [M]. 北京 : 商务印书馆，2017.
[27] 许志琴，杨经绥，侯增谦，等 . 青藏高原大陆动力学研究若干进展 [J]. 中国地质，2016，(1):1-42.
[28] 张经炜，姜恕 . 珠穆朗玛峰地区的植被垂直分带及其与水平地带关系的初步研究 [J]. 植物学报，1973，15(2):221-238.
[29] 张立汉 . 中国山河全书 [M]. 青岛 : 青岛出版社，2005.
[30] 张向宇 . 实用化学手册 [M]. 北京 : 国防工业出版社，2011.
[31] 中国野生动物保护协会 . 中国哺乳动物图鉴 [M]. 郑州 : 河南科学技术出版社，2005.

2 昆仑山脉：比神话更伟大

[1]NASA.The Blue Marble[CM/OL].(2002-02-11)[2021-06-10].https://earthobservatory.nasa.gov/images/2181/the-blue-marble.
[2]Venter O.，Sanderson E.W.，Magrach A.，et al.Global terrestrial Human Footprint maps for 1993 and 2009[J]. Scientific Data，2016，3:160067.
[3] 杜秀荣，唐建军 . 中国地图集 [M]. 北京 : 中国地图出版社，2011.
[4] 冯文华 . 三江源地区生态移民问题研究 [D]. 北京 : 中共中央党校，2017.
[5] 高倩倩 . 三江源生态法庭 :“打防结合”守护“中华水塔” [N/OL]. 人民法院报，2020-11-17[2021-03-30].http://rmfyb.chinacourt.org/paper/images/2020-11/17/01/2020111701_pdf.
[6] 国家林业和草原局，国家公园管理局 . 三江源国家公园 [Z/OL].(2020-12-08)[2022-06-13]. http://www.forestry.gov.cn/main/5960/20200805/101428752206389.html.
[7] 李建文，李迪强 . 三江源生物多样性 : 三江源自然保护区科学考察报告 [M]. 北京 : 中国科学技术出版社，2002.
[8] 刘时银，郭万钦，许君利 . 中国第二次冰川编目数据集 [DS/OL]. 国家冰川冻土沙漠科学数据中心，(2019-10-11)[2021-3-30]. http://www.crensed.ac.cn/portal/metadata/6d44fd19-64d7-4af1-8e81-5fa717585b5b.
[9] 刘时银，姚晓军，郭万钦，等 . 基于第二次冰川编目的中国冰川现状 [J]. 地理学报，2015，70(1):3-16.
[10] 马丽华 . 青藏光芒 : 经由探索史 揭示演化史 青藏高原研究进行时 [M]. 北京 : 北京十月文艺出版社，2018.
[11] 三江源国家公园 . 青海省三江源国家公园植物多样性及重点保护植物本底调查取得新进展 [Z/OL].(2020-07-17)[2021-03-30].http://sjy.qinghai.gov.cn/park/dzwbh/10299.html.
[12] 苏珍 . 喀喇昆仑山 - 昆仑山地区冰川与环境 [M]. 北京 : 科学出版社，1998.
[13] 苏薇，任善英 . 三江源生态移民保险保障体系研究 [J]. 绿色经济，2013(10): 58-60，71.
[14] 蔚东英 . 三江源国家公园解说手册 [M]. 北京 : 中国科学技术出版社，2019.
[15] 魏加华 . 三江源生态保护研究报告：2017 水文水资源卷 [M]. 北京 : 社会科学文献出版社，2017.

[16] 姚檀栋，朴世龙，沈妙根，等 . 印度季风与西风相互作用在现代青藏高原产生连锁式环境效应 [J]. 中国科学院院刊，2017，32(9):976-984.

[17] 姚檀栋，王宁练 . 冰芯研究的过去、现在和未来 [J]. 科学通报，1997，42(3):225-230.

[18] 袁珂 . 中国神话史 [M]. 北京 : 北京联合出版公司，2015.

[19] 张青松，李炳元 . 喀喇昆仑山 - 昆仑山地区晚新生代环境变化 [M]. 北京：中国环境科学出版社，2000.

[20] 赵志平，李俊生，翟俊，等 . 三江源地区高寒草地退化成因及保护对策研究 [M]. 北京 : 中国环境出版集团，2018.

[21] 郑度 . 喀喇昆仑山 - 昆仑山地区自然地理 [M]. 北京 : 科学出版社，1999.

[22] 中国科学院青藏高原研究所 . 冰芯研究 解读地球环境的演变 [Z/OL].(2014-09-22)[2022-06-13]. http://www.itpcas.ac.cn/kxcb/kpwz/201412/t20141222_4280017.html.

[23] 中国科学院青藏高原综合科学考察队 . 喀喇昆仑山 - 昆仑山地区地质演化 [M]. 北京 : 科学出版社，2000.

[24] 中国林业网 . 国家公园丨三江源国家公园 : 设立公益岗位 形成管护体系 呵护中华水塔 [Z/OL].(2020-12-07)[2021-03-30]. https://mp.weixin.qq.com/s/3GWkuQVSNvEkUH_uSTvlJg.

[25] 中华人民共和国中央人民政府 . 发展改革委关于印发三江源国家公园总体规划的通知 [Z/OL].(2018-01-17)[2021-03-30]. http://www.gov.cn/xinwen/2018-01/17/content_5257568.htm.

3 横断山脉：七脉六江的传奇

[1]NASA.The Blue Marble[CM/OL].(2002-02-11)[2021-06-10].https://earthobservatory.nasa.gov/images/2181/the-blue-marble.

[2] 陈富斌，陈荣华 . “横断山脉”考 [M]// 陈富斌 . 横断山系新构造研究 . 成都 : 成都地图出版社，1992:1-12.

[3] 陈富斌 . “横断山脉”一词的由来 [J]. 山地学报，1984，2(1):31-35.

[4] 陈富斌，罗辑 . 贡嘎山高山生态环境研究 [M]. 北京 : 气象出版社，1998.

[5] 杜秀荣，唐建军 . 中国地图集 [M]. 北京 : 中国地图出版社，2011.

[6] 范朋飞，石琳，马长勇，等 . 十年觅猿踪 天行长臂猿的发现与命名 [J]. 博物，2017(8):50-53.

[7] 共产党员网 . 川藏公路修筑纪实 1[Z/OL].[2021-07-15].http://xuexi.12371.cn/2013/08/09/VIDE1376033555940410.shtml.

[8] 顾建豪 . 建在香格里拉的独克宗古城 [J]. 云南档案，2008(08):30-31.

[9] 康藏公路修建司令部，修路史料编辑委员会 . 康藏公路修建史料汇编 [M]. 康藏公路修建司令部，1955.

[10] 李炳元 . 横断山脉范围探讨 [J]. 山地研究，1987，5(2):74-82.

[11] 李炳元 . 横断山区地貌区划 [J]. 山地研究，1989，7(1):13-20.

[12] 李文华，张谊光 . 横断山区的垂直气候及其对森林分布的影响 [M]. 北京 : 气象出版社， 2010.

[13] 李致祥，马世来，华承惠，等 . 滇金丝猴 (Rhinopithecus bieti) 的分布和习性 [J]. 动物学研究，1981，2(1):9-16.

[14] 李宗省，何元庆，王世金，等 .1900—2007 年横断山区部分海洋型冰川变化 [J]. 地理学报，2009，64(11):1319-1330.

[15] 刘照光 . 贡嘎山植被 [M]. 成都 : 四川科学技术出版社，1985.

[16] 龙勇诚，柯瑞戈，钟泰，等 . 滇金丝猴 (Rhinopithecus bieti) 现状及其保护对策研究 [J]. 生物多样性，1996，4(3):145-152.
[17] 吕儒仁，李德基 . 青藏高原地表过程与地质构造基础 [M]. 成都 : 四川科学技术出版社，2015.
[18] 任宝平，黎大勇，刘志瑾，等 . 滇金丝猴数量分布变迁、家域、食性研究进展及保护现状 [J]. 动物学杂志，2016，51(1):148-150.
[19] 任宝平，李明，魏辅文，等 . 滇金丝猴 (Rhinopithecus bieti)[J]. 动物学杂志，2004，39(5):111，104.
[20] 石硕 . 藏彝走廊 [M]. 成都 : 四川人民出版社，2009.
[21] 舒良树 . 普通地质学 [M]. 北京 : 地质出版社，2010.
[22] 宋明琨 . 横断山冰川考察 [J]. 冰川冻土，1985，7(1):98.
[23] 王杰，潘保田，张国梁，等 . 贡嘎山东坡中更新世晚期以来冰川作用年代学研究 [J]. 中国科学 : 地球科学，2012，42(12):1889-1900.
[24] 王杰，王保畬，罗正齐 . 长江大辞典 [M]. 武汉 : 武汉出版社，1997.
[25] 西藏自治区地方志编纂委员会 . 西藏自治区志 : 公路交通志 [M]. 北京 : 中国藏学出版社，2007.
[26] 西藏交通厅 . 西藏公路交通指南 [M]. 北京 : 人民交通出版社，2004.
[27] 西藏自治区公路交通史志编写委员会 . 西藏公路交通史 [M]. 北京 : 人民交通出版社，1999.
[28] 许志琴，杨经绥，侯增谦，等 . 青藏高原大陆动力学研究若干进展 [J]. 中国地质，2016(1):1-42.
[29] 张国梁 . 贡嘎山地区现代冰川变化研究 [D]. 兰州 : 兰州大学，2012.
[30] 张立汉 . 中国山河全书 [M]. 青岛 : 青岛出版社，2005.
[31] 郑洪波，魏晓椿，王平，等 . 长江的前世今生 [J]. 中国科学 : 地球科学，2017，47(4):385-393.
[32] 中国科学院成都地理研究所 . 贡嘎山地理考察 [M]. 重庆 : 科学技术文献出版社重庆分社，1983.
[33] 张荣祖 . 横断山区自然地理 [M]. 北京 : 科学出版社，1997.
[34] 中国科学院青藏高原综合科学考察队 . 青藏高原研究横断山考察专集 2[M]. 北京 : 北京科学技术出版社，1986.
[35] 朱荣华 . 滇金丝猴 (Rhinopithecus bieti) 对高寒高海拔适应的行为及热生理研究 [D]. 南充 : 西华师范大学，2018.

4 秦岭—淮河：山河一道分南北

[1]《铁道部第五工程局第一工程处志》编委会 . 铁道部第五工程局第一工程处志 [M]. 贵阳 : 贵州人民出版社，2003.
[2]《中国河湖大典》编纂委员会 . 中国河湖大典 : 淮河卷 [M]. 北京 : 中国水利水电出版社，2010.
[3]《中国铁路建设史》编委会 . 中国铁路建设史 [M]. 北京 : 中国铁道出版社，2003.
[4]NASA.The Blue Marble[CM/OL].(2002-02-11)[2021-06-10].https://earthobservatory.nasa.gov/images/2181/the-blue-marble.
[5] 白忠德 . 我的秦岭邻居 [M]. 西安 : 世界图书出版西安有限公司，2014.
[6] 陈航，张文尝，金凤君，等 . 中国交通地理 [M]. 北京 : 科学出版社，2017.
[7] 陈灵芝，孙航，郭柯 . 中国植物区系与植被地理 [M]. 北京 : 科学出版社，2014.

[8] 杜秀荣，唐建军 . 中国地图集 [M]. 北京 : 中国地图出版社，2011.
[9] 傅志军，张行勇，刘顺义，等 . 秦岭植物区系和植被研究概述 [J]. 西北植物学报，1996(5):93-106.
[10] 何业恒 . 中国珍稀兽类的历史变迁 [M]. 长沙 : 湖南科学技术出版社，1993.
[11] 蒋寿康 . 秦岭—淮河线与古代政治分野述论 [J]. 浙江学刊，1997(01):88-93.
[12] 刘明光 . 中国自然地理图集 [M]. 北京 : 中国地图出版社，2010.
[13] 盛险峰 . 论淮河在中国古代南北方的分界地位 [J]. 古代文明，2008(1):55-64.
[14] 陕西省人民政府 . 陕西省人民政府办公厅关于印发陕西秦岭生态环境保护纲要的通知 [Z/OL].(2008-06-26) [2022-06-13].http://www.shaanxi.gov.cn/zfxxgk/zfgb/2007/d6q_4247/200806/t20080626_1638355_wap.html.
[15] 史念海 . 论我国历史上东西对立的局面和南北对立的局面 [J]. 中国历史地理论丛，1992(1):57-112.
[16] 四川省地方志编纂委员会 . 四川省志 • 交通志 : 下册 [M]. 成都 : 四川科学技术出版社，1995.
[17] 谭其骧 . 中国历史地图集 [M]. 北京 : 中国地图出版社，1982.
[18] 王恩涌，胡兆量，周尚意，等 . 中国文化地理 [M]. 北京 : 科学出版社，2008.
[19] 王家鼎，李爱兰 . 中国南北方地理分界线及其差异 [J]. 地理教育，2009(6):16.
[20] 王静爱，左伟 . 中国地理图集 [M]. 北京 : 中国地图出版社，2010.
[21] 王兴锋 . 唐玄宗奔蜀路线考述 [J]. 唐史论丛，2014(3):119-130.
[22] 王银峰 . 秦岭淮河线在中国综合自然区划中的地位 [J]. 河南大学学报 (自然科学版)，1988(1):67-70.
[23] 吴松显 . 秦岭古道历史地理及秦岭申遗研究 [D]. 西安 : 西北大学，2018.
[24] 许良能，刘宝麒，杨作万 . 陕西省道路交通管理志 : 汉中分志 [M]. 西安 : 陕西人民出版社，2002.
[25] 严耕望 . 唐代交通图考 [M]. 上海 : 上海古籍出版社，2007.
[26] 雍严格，刘思阳，张永文 . 秦岭金丝猴 [J]. 森林与人类，2013(2):40-47.
[27] 张保升 . 秦岭考略 [J]. 西北大学学报 (自然科学版)，1982(1):110-109.
[28] 张荣祖 . 中国动物地理 [M]. 北京 : 科学出版社，2011.
[29] 赵济，方修琦，王卫 . 新编中国自然地理 [M]. 北京 : 高等教育出版社，2015.
[30] 郑度，杨勤业，吴绍洪 . 中国自然地理总论 [M]. 北京 : 科学出版社，2015.
[31] 郑连斌，李咏兰，席焕久，等 . 中国汉族体质人类学研究 [M]. 北京 : 科学出版社，2017.
[32] 周立三 . 中国农业地理 [M]. 北京 : 科学出版社，2017.
[33] 周灵国 . 秦岭大熊猫 : 陕西省第四次大熊猫调查报告 [M]. 西安 : 陕西科学技术出版社，2017.

图书在版编目（CIP）数据

少年中国地理．大地脊梁 / 星球研究所著．-- 长沙：湖南科学技术出版社，2023.1（2024.9重印）
ISBN 978-7-5710-1839-9

Ⅰ．①少… Ⅱ．①星… Ⅲ．①地理—中国—少儿读物
Ⅳ．① K92-49

中国版本图书馆 CIP 数据核字 (2022) 第 189907 号

上架建议：地理 · 普及读物

SHAONIAN ZHONGGUO DILI.DADI JILIANG
少年中国地理．大地脊梁

著　　者：星球研究所
出 版 人：潘晓山
责任编辑：刘　竞
监　　制：毛闽峰
策划编辑：陈　鹏　史义伟
特约编辑：孙　鹤
特约审定：张志亮
营销编辑：杜　莎　刘　珣　焦亚楠
封面设计：郑伯容　鲁明静
版式设计：利　锐　鲁明静　王　巍
出　　版：湖南科学技术出版社
（湖南省长沙市芙蓉中路 416 号　邮编：410008）
网　　址：www.hnstp.com
印　　刷：北京中科印刷有限公司
经　　销：新华书店
开　　本：870mm × 1120mm　1/16
字　　数：218 千字
印　　张：11.5
版　　次：2023 年 1 月第 1 版
印　　次：2024 年 9 月第 4 次印刷
审 图 号：GS（2022）4697 号
书　　号：ISBN 978-7-5710-1839-9
定　　价：106.00 元

若有质量问题，请致电质量监督电话：010-59096394
团购电话：010-59320018